서천석의 마음 읽는 시간

서천석의 마음 읽는 시간

지은이 서천석
1판 1쇄 발행 2013. 9. 16.
1판 26쇄 발행 2025. 3. 26.

발행처_ 김영사 • **발행인**_ 박강휘 • **등록번호**_ 제406-2003-036호 • **등록일자**_ 1979. 5. 17 • **주소**_ 경기도 파주시 문발로 197(문발동) 우편번호 10881 • **전화**_ 마케팅부 031)955-3100, 편집부 031)955-3200 • **팩스**_ 031)955-3111 • 저작권자 ⓒ 서천석. 2013. 이 책의 저작권은 저자에게 있습니다. 저자와 출판사의 허락 없이 내용의 일부를 인용하거나 발췌하는 것을 금합니다.

값은 뒤표지에 있습니다. ISBN 978-89-349-6442-1 04810 • 홈페이지_ http://www.gimmyoung.com • 페이스북_ facebook.com/gybooks • 블로그_ blog.naver.com/gybook • 이메일_ bestbook@gimmyoung.com • 좋은 독자가 좋은 책을 만듭니다. 김영사는 독자 여러분의 의견에 항상 귀 기울이고 있습니다.

서천석의 마음 읽는 시간

때론 삶이 서툴고 버거운 당신을 위한 110가지 마음 연습

서
천
석

김영사

| 서문 |

잠깐 멈추는 시간, '서천석의 마음 읽는 시간'을 시작합니다

우리는 끊임없이 생각을 합니다. 대부분의 생각은 얼마 지나지 않아 잊어버리죠. 그럼에도 우리는 생각하고, 또 생각하고, 생각은 멈추질 않습니다. 우리는 과거의 지나간 일도 생각하고, 미래에 다가올 일도 생각합니다. 회상에 젖어 상념에 빠지기도 하고 기대에 부풀거나 걱정으로 불안해하기도 합니다.

이렇게 생각은 감정을 낳고, 감정은 우리의 행동을 지배합니다. 예를 들어 아침에 약간의 실수를 한 후 '나는 정말 한심해.' 하고 생각을 하면 분명 기분이 우울해질 것입니다. 기분이 우울해지다보니 지나가다 동료를 만나도 웃는 얼굴로 인사도 못 하고 지나치겠죠. 그러면 동료들은 저 친구 왜 저래, 하며 쳐다볼 것이고 그걸 느끼는 나는 더 위축될 것입니다. 만약 아침의 내 생각이 '나는 정말 한심해'가 아니라 '아침부터 실수를 했네, 오늘 일진이 안 좋지만 얼른 털고 새로 시작해야지'였다면 내 기분은 우울하지 않았을 것이고, 동료를 마주쳤을 때의 내 행동도 분명 달랐을 것입니다.

이처럼 생각이란 멈추지 않고 우리에게 존재하면서 우리의 인생을

좌우합니다. 그럼에도 우린 우리가 제대로 생각하는지를 묻지 않습니다. 내 생각은 내 생각이니까 그저 맞겠거니, 하며 지나갑니다. 하지만 자기 인생의 배신자는 자신인 경우가 많듯이 내 생각 역시 나를 배신할 때가 많습니다. 너무나 자주 나를 궁지에 몰아넣고, 궁지에서 벗어날 힘을 빼앗기도 하죠. 그럼에도 우리는 자신의 생각은 당연한 것이라 믿고 있습니다.

이 책은 '서천석의 마음연구소'라는 라디오 프로그램에서 여러분과 나눴던 이야기를 묶은 것입니다. 바쁜 아침에 갑자기 잠깐 멈추는 시간을 가져보자며 여러분과 사람의 마음을 화두삼아 고민했던 시간의 기록이죠. 처음 그 시간을 진행하면서는 정신없이 바쁜 아침 시간에 이런 이야기가 흥미를 끌 수 있을까 싶었습니다. 하지만 제 기대보다 많은 분이 사랑을 해주셨고, 아침에 들은 이야기를 마음에 담아 하루를 살아가는 에너지로 삼는다는 과분한 칭찬도 여기저기서 들었습니다. 아마도 제 이야기가 좋아서라기보다는 이 시대의 우리들에게 잠깐 멈추는 시간이 너무 귀하기 때문일 것입니다.

요즘 우리 사회는 멈추는 것을 허락하지 않습니다. 그냥 앞만 보고 달리길 기대하죠. 누구라도 "아니, 잠깐만!" 하고 멈추려 들면 갈 길이 구만리인데 왜 방해를 하나 찌푸립니다. 우리 스스로도 멈추는 것이 불안합니다. 잠깐 멈췄다가 영원히 달리지 못하는 것은 아닌가, 남들보다 한참 뒤처지는 건 아닌가 싶어 멈추질 못합니다.

그 결과 우리는 자신의 삶이 만족스럽지 않습니다. 자신이 조절할 수 없는 삶이라면 자기 삶이라 할 수 없는 건데 하루도 아닌 매일 그런 삶을 살아야 하니 어찌 만족하겠습니까? 끊임없이 이건 아닌데, 이렇게 살아도 되나, 하며 회의에 회의를 거듭하는 것이 이 시대 우리들 삶의 일반적인 모습입니다.

이 책은 짧은 글로 이뤄져 있습니다. 천천히, 아주 천천히 읽는다 해도 한 편을 읽는 데 드는 시간은 채 5분도 걸리지 않을 겁니다. 하지만 얼마 안 되는 양의 소금이 전체 음식의 맛을 내듯 잠시 멈추어 생각하는 5분이 우리의 삶을 맛깔나게 만들어갈 수 있습니다.

사람의 마음은 도대체 어떻게 생각하고, 느끼고, 움직이는 걸까요? 내 마음은 어떤 상처를 안은 채, 무엇에 흔들리고, 또 집착하고 있을까요? 이 책을 통해 자신의 마음을 읽고, 사람의 마음을 읽어가는 시간을 매일 조금씩 가져보시길 권해드립니다. 시간이 짧아도 괜찮습니다. 세상에서 가장 힘이 센 것은 꾸준함이니까요. 꾸준히 내 마음을 읽는 시간을 가질 수 있다면 분명 그 시간은 나의 내면에 내 마음을 조절하는 힘을 키워줄 것입니다. 내 마음을 조절할 수 있다면 분명 내 인생도 조금은 잘 조절할 수 있을 것이고요. 그리고 어쩌면 그것이 우리가 세상에서 얻을 수 있는 소박하지만 가장 진실한 행복의 비결입니다.

차례

1. 자꾸만 뒷걸음질치고 싶다면

힘든 순간을 보내고 있는 당신에게 14 | 또다시 작심삼일, 해결책은 없는 걸까요? 17 | 뒷걸음치지 말고 앞을 보고 걸으세요 22 | 내면의 목소리를 들어야 흥분하지 않습니다 25 | 인생은 답이 없는 문제를 풀어가는 과정 28 | 성공하고 싶다면 성공적인 계획을 세워야 31 | 열정만 있다면 꿈을 이룰 수 있을까요? 37 | 킬리만자로의 표범은 무엇을 보았나? 40 | 도전이 두려운 당신에게 44 | 부족한 나, 그 모습 그대로 괜찮습니다 49 | 경기에서 이기는 사람이 계속 이기기 쉬운 이유 53 | 불행은 막상 부딪히면 더 잘 이겨냅니다 57 | 내게 상처를 준 과거를 용서한다는 것 61 | 위로는 슬픔을 힘으로 만드는 연금술사 66 | 부정적인 생각을 끊어내기가 어렵습니다 69 | 위기에 맞닥뜨리면 베테랑은 어떻게 결정하나? 74 | 자기 자신을 기만하는 인간의 속성 78 | 〈마음연구 보고서〉 혈액형에 따른 성격 차이 사실일까요? 82 | 졸업사진의 인상이 미래를 결정한다? 86

2. 인생이 따뜻해지는 행복의 기술

오늘 집을 나올 때 어떤 말을 하셨나요? 90 | 행복을 느끼는 것도 습관입니다 93 | 행복을 위해선 가슴 뛰는 일이 필요할까요? 96 | 죄수의 딜레마도 해결하는 스킨십의 위력 100 | 따뜻한 눈으로 타인을 본다는 것 104 | 사람은 함께 살아야 오래 살 수 있습니다 107 | 행복에는 리듬과 악센트가 필요합니다 111 | 행복한 삶은 작은 활력소를 모아가는 것 114 | 비관을 이겨내는 특효약은 작은 성공 117

| 미래를 위해 현재를 희생해야 한다는 강박 121 | 낙관주의는 정신승리가 아닙니다 125 | 이 시대에 겸손은 인격이 아니라 스타일 128 | 어떻게 하면 위로를 잘할 수 있을까요? 132 | 어떻게 쉬어야 공부를 잘할 수 있을까요? 135 | 의견이 대립할 때가 가장 중요한 순간 139 | 자원봉사가 십대 임신의 특효약이라고요? 143 | 사람들은 왜 필요 이상으로 돈을 벌까요? 147 | 선물을 주고받는 가장 좋은 방법 152 | 〈마음연구 보고서〉 건강하려고 노력해도 왜 더 나빠질까요? 157 | 비판적이라고 똑똑한 것은 아닙니다 160

3. 날마다 조금씩 가까워지는 우리

습관은 내 머릿속의 고속도로 164 | 잘하려는 마음이 도리어 짐이 될 때가 많습니다 168 | 인생이란 누구나 각자의 경기를 하는 것 172 | 엄마는 특별한 존재, 뇌가 알고 있습니다 176 | 비난과 비판, 작지만 큰 차이 179 | 고래도 춤추게 하는 칭찬은 어떤 걸까요? 182 | 칭찬과 비판, 무엇을 앞에 세워야 할까요? 186 | 아이가 산타를 의심할 때 어떻게 해야 할까요? 189 | 한 사람을 마음으로 이해한다는 것 193 | 결혼으로 인한 행복의 유통기한은 고작 2년? 197 | 문자 메시지를 엿보곤 배신감에 너무 힘들어요 201 | 명절에 남편이 해선 안 될 세 가지 말 205 | 사랑 앞에 진정 솔직할 수 있을까요? 210 | 거절하는 것도 연습이 필요합니다 214 | 이별을 예측하는 가장 결정적인 요인 217 | 상처를 주지 않고 헤어질 수 있을까요? 222 | 직장에서 따돌림을 당하고 있다면 225 | 날 괴롭히는 상사를 견뎌내는 방법 229 | '나'를 사랑하기 위해 '너'가 필요합니다 233 | 〈마음연구 보

고서) 여자가 남자보다 덜 공격적이라고요? 236 | 같은 크기의 고통을 받으면 누구나 똑같이 괴로울까요? 239

4. 감정에 휩쓸려간 하루

당신의 마음은 당신 편인가요? 244 | 내 감정에 충실한 것, 내 감정을 표현하는 것 247 | 질투는 나의 힘, 정말 그런가요? 251 | 미운 감정과 이별하는 네 가지 방법 255 | 화내는 사람이 더 오래 산다고요? 260 | 왜 고생한 시어머니가 며느리를 더 괴롭히나? 264 | 민망함을 느낄 때 어떻게 행동하십니까? 268 | 편견이란 왜 생기고, 어떻게 지속될까요? 272 | 나를 화나게 하는 사람에게 대처하는 방법 276 | 나에게 화내는 친구에게 대응하는 방법 280 | 다른 사람의 말로 인한 상처를 해결하기 284 | 우울한 사람에게 어떻게 다가가야 할까요? 289 | 감정을 흔드는 말이 마음을 움직입니다 293 | 감정을 받아줄 때 사람은 변화합니다 296 | 분노의 해결은 이 시대 모두의 숙제입니다 301 | 〈마음연구 보고서〉사람들은 강한 메시지에 끌립니다 307 | 아픔을 이해하려면 같은 경험을 해야 할까? 310

5. 마음의 교과서, 삶의 순간들

정말, 진심으로 변화를 원하시나요? 314 | 스트레스에 대응하는 세 가지 방법 318 | 미루지 않고 실천하기 위한 다섯 가지 방법 321 | 내 마음의 그림자를 받아들이는 것 325 | 결정이 어려운 분들에게 329 | 나쁜 습관 고치기, 의지보다 원

인 파악 먼저 332 | 화투치기, 과연 치매를 막을 수 있을까요? 335 | 믿음이 사람을 꽃피우게 합니다 339 | 어떻게 싸워야 잘 싸우는 걸까요? 342 | 제대로 항의하는 것도 능력입니다 346 | 다른 사람을 설득하는 가장 좋은 방법 349 | 우리는 왜 거짓말에 잘 속을까요? 352 | 남의 거짓말을 알아보는 가장 좋은 방법 356 | 꾸준한 기록이야말로 가장 좋은 멘토 360 | 끝이 좋으면 다 좋다고 말하는 이유 364 | 〈마음연구 보고서〉 월요병 탈출, 뭐 좋은 방법 없을까요? 367 | 마시멜로 연구, 그 두 번째 이야기 370

6. 마음도 병에 걸립니다

감정은 두뇌에서 어떻게 기억이 되나요? 374 | 착한아이콤플렉스 어떻게 벗어날까요? 377 | 제대로 해야만 사랑받을 수 있는 건가요? 380 | 우유주사, 누구나 중독이 되는 걸까요? 383 | 내 기분을 가라앉히는 주범은 외로움 387 | 겨울의 불청객, 불면증을 이기는 법 390 | 가을에 우울한 당신, 그 이유는 무엇일까요? 394 | 우울하면 쇼핑하는 분들, 어떻게 고칠까요? 397 | 자살을 말하는 친구를 어떻게 대해야 할까요? 401 | 시험 불안, 어떻게 대처할까요? 405 | 면접장에 가면 떨려서 말이 안 나와요 409 | 사이비 종교에 빠져드는 인간의 심리 413 | 완벽주의와 최선을 다하는 것의 차이 416 | 진통제의 효과가 성격에 따라 다르다고요? 419 | 〈마음연구 보고서〉 같은 콜라도 맛이 다르다고 느끼는 두뇌의 비밀 423 | 젊은이와 노인 중 누가 더 많이 후회할까? 426

1

자꾸만
뒷걸음질치고
싶다면

| 첫 번째 만남

힘든 순간을 보내고 있는 당신에게

지난 주말엔 가을 산을 즐기려고 등산을 했습니다.
골짜기를 따라 난 등산로를 걷다보면
앞에 더 이상 길이 없나 느껴질 때가 있습니다.
하지만 길이 없다고 생각한 곳에서도
막상 가보면 작은 길이 옆으로 나 있고 이내 넓은 골짜기로 이어집니다.

상담을 할 때도 비슷한 경험을 합니다.
상황이 너무 안 좋아서 이 경우엔
도무지 해결책을 찾을 수 없겠다고 느낄 때가 있습니다.
그럴 땐 그저 고개를 끄덕이며 듣고
위로를 하며 옆을 지킬 뿐입니다.

그런데 놀라운 것은 시간입니다.
그렇게 몇 달을 지내다보면 그분들이 이야기합니다.
이젠 좀 살만하다고. 또 살다보니 솟아날 구멍이 열리더라고.

때로는 그 기다림의 시간이 너무 길어
기운이 쭉 빠질 때도 있지만,
인생은 살다보면 길이 이어지고
고통은 시간이 지나면서 힘을 잃곤 합니다.
그래서 지금은 상담을 하면서
좀 더 자신 있게 이야기할 수 있게 되었습니다.
조금 지내보자고.
분명 살아 있으면 살아갈 방법이 나오더라고.
새로운 길이 열릴 거라고 목소리에 힘을 실어 말해줍니다.

물론 그 어려움의 시간은 누구나 괴롭겠지요.
그럴 때면 저는 당장 오지 않을 걱정은 아예 하지 말라고 합니다.
등산을 할 때
"아직도 3킬로미터를 더 가야 하는데……"
"그 코스는 정말 숨이 차고 어렵다는데……"
생각하면 다리에 힘만 빠집니다.
길이 험하고 갈 길이 멀수록
너무 먼 미래를 걱정하면 머리만 복잡해집니다.

그럴 땐 차라리 지금 내딛는 한 발 한 발에 집중하는 편이 낫습니다.
고민해봐야 어떻게 할 수 없는 미래보다는
지금 내가 바꿀 수 있는 현재의 내 움직임에 집중합니다.
그렇게 한 걸음 한 걸음이 모이면 어느덧 정상에 도착해 있을 겁니다.

양궁선수들은 활을 쏠 때
과녁보다 자기 몸에 집중한다고 합니다.
내 호흡이, 내 팔과 다리의 근육이
평소 훈련할 때와 같은 느낌인지에 집중한다고 합니다.
과녁에 집중하면 오히려 몸이 흔들리고,
몸이 흔들리면 결국 활은 엉뚱한 곳으로 향하기 때문입니다.

힘든 순간일수록 우리는 자기 자신에 집중해야 합니다.
내가 제대로 된 자세를 취하고 있는지, 내 스타일은 괜찮은지,
내가 이 순간을 긍정적으로 맞이하고 있는지 생각해야 합니다.

미래는 내가 어떻게 할 수 있는 것이 아닙니다.
내가 바꿀 수 있는 것은 현재의 나 자신입니다.
그리고 나 자신을 잘 조절할 수 있다면
이미 그 순간, 나는 내 삶에서 이기고 있는 것입니다.

| 두 번째 만남

또다시 작심삼일,
해결책은 없는 걸까요?

만약 결심을 하고, 그 결심을 다 지켰다면
우리는 분명 지금과는 사뭇 다른 사람이 되어 있을 것입니다.
그러나 대부분의 결심은 작심삼일로 가곤 합니다.
분명 결심을 할 때는 굳은 마음이었는데
며칠 사이에 마음은 약해지고 목표는 흐릿해지고 맙니다.
그럴 수밖에 없는 이유를 진화심리학자들은
인간의 뇌가 아직 장기적인 목표를 이루는 쪽으로는
진화를 이루지 못해서라고 이야기합니다.
그러니 '나는 왜 이러나.' 하고
너무 자기비하를 하진 마시기 바랍니다.

작심삼일이 되면 우리는 스스로 비하하기 쉽습니다.

'내가 뭐 그렇지. 역시 난 의지박약이야.'
'난 왜 매번 결심만 하는 것일까? 이러다간 아무것도 이루지 못할 텐데.'

이런 자기비하나 비판이 틀린 말은 아닙니다.
하지만 맞는 말이라고 하더라도
자신에게 도움이 되지는 않습니다.
자기를 비하하고 나면 대부분 기분이 나빠지는데,
기분이 나빠지면 좀 더 좋지 않은 유혹에 넘어가기 쉽습니다.
비록 잠깐의 즐거움이지만 유혹에 넘어가면
기분이 좋아질 수 있으니까요.

그래서 다이어트에 실패한 여성들은 자기도 모르게
크림을 잔뜩 얹은 달콤한 커피를 주문하고,
공부가 뜻대로 안 되어 속상한 학생들은
하루 종일 게임을 하며 시간을 보냅니다.
비록 '언 발에 오줌 누기'라도
나쁜 기분을 달랠 수 있다면
자기 스스로를 쉽게 배반하는 게 인간입니다.

약간의 채찍질과 반성이라면 도움이 될 때도 있습니다.
하지만 그 역시 스스로를 믿고 있는 동안에만 그렇습니다.

한두 번의 실패라면 반성이 가능하겠지만
우리는 계속 실패하기 쉽고,
그것이 바로 우리 자신이기 때문입니다.
실패를 반복하는 순간 믿음은 약해집니다.
실패를 반복하는 것이 인간의 숙명이기에
결국 우린 누구나 마음이 약해지고
자기를 믿지 못하는 순간을 경험합니다.
그리고 이 순간엔 올바른 비판조차
우리 어깨를 무겁게 내리누르는 짐이 되고 맙니다.

그러므로 자신을 꾸준히 격려해야 합니다.
무엇보다 아직 자신의 절제력이 약하고 의지가 부족함을 인정하세요.
그것이 지금의 내 모습입니다.
지금의 내 모습은 부정한다고 어디로 사라지지 않습니다.

다만 잊지 말아야 할 것은 부족한 의지가 내 일부분이듯
여기서 더 발전하고 싶은 열망도 내 일부분이라는 사실입니다.
그런 내게 손을 내밀어야 합니다.
격려하며 또 해보자고 용기를 주어야 합니다.

의지가 강한지, 약한지는 변하지 않는 특성이 아닙니다.
계속해서 발전할 수 있는 과정 중에 있는 것입니다.

그 과정은 긴 시간이 걸리고 외로운 길입니다.
그리고 그 길에서 나의 친구가 되어줄 사람은
누구보다 우선 나 자신입니다.

| 세 번째 만남

뒷걸음치지 말고
앞을 보고 걸으세요

아침에 약수터에 가면 많은 분들이 나와 계십니다.
제법 쌀쌀한 새벽 공기를 가르고 산에 올라
맨손체조도 하고 심호흡도 하며 하루를 시작하는 분들입니다.
새벽부터 이렇게 산에 오르는 이유가
하루 동안 마실 물이 필요해서는 아닐 겁니다.
이유를 물어보면 건강을 위해서, 또는 건강에 좋기 때문에
운동 삼아 올라왔다는 대답이 대부분입니다.

그래서 건강을 챙기는 이유가 무엇 때문인지 또 물어보았습니다.
'별 실없는 사람 다 보겠네.' 하는 표정을 지으면서도
대답은 각기 달랐습니다.
한 분의 대답은 '더 활기차고 즐겁게 살기 위해서'였습니다.

나이가 들어도 몸이 튼튼해야 재미나게 살 수 있고,
놀 때도 여러 가지를 다 할 수 있다고 하시더군요.
그런데 어떤 분은
"내가 아파서 누우면 누가 챙겨주겠냐? 자식들도 다 힘들어한다"며
내 몸은 내가 챙겨야 한다고 말씀하시더군요.
두 분 다 건강에 신경을 쓰고 계시지만 이유는 사뭇 달랐습니다.
한 분은 더 즐겁게 살기 위해서 건강을 챙기고,
다른 한 분은 병이 나지 않기 위해서 건강을 유지하려 했습니다.
한 분은 무언가를 원하는 분이고,
다른 한 분은 무언가를 두려워하는 분입니다.

사랑에 대한 질문을 사람들에게 해봐도
이와 비슷한 두 가지 답변을 들을 수 있습니다.
사랑을 왜 하는지 물어보면
어떤 사람은 더 행복하고 즐겁기 위해서라고 답하고
어떤 사람은 사는 것이 외로우니까 외롭지 않기 위해서라고 합니다.
더 좋은 상태로 가기 위해,
더 행복해지기 위해 사랑과 건강을 찾는 사람과
안 좋은 상태를 피하기 위해,
불행하지 않기 위해 사랑과 건강을 찾는 사람이 있습니다.
비슷해 보이지만 많이 다릅니다.
방향은 같더라도 한 사람은 앞을 보고 걷는 것이고,

한 사람은 뒷걸음질로 걷는 것과 같습니다.
당연히 뒤로 걷는 사람이 더 힘이 듭니다.
자연스럽지 않습니다.
가다가 돌부리라도 나타나면
앞으로 걷는 사람은 살짝 피할 수 있지만
뒤로 걷는 사람은 걸려 넘어지기 십상입니다.
위기상황에 대응하기 어려워
작은 어려움만 생겨도 계속 진행하기가 어렵습니다.
무엇보다 그 과정이 불편하고 힘겹지요.
그런데 그 힘겨운 시간이 바로 인생 그 자체입니다.

영화는 스릴과 서스펜스가 있어야 재밌지만
인생은 뒷걸음질치며 도망치듯 살아서야 그저 괴로울 뿐입니다.
한 번뿐인 인생이 두려움을 피하기 위한 삶이라면 곤란합니다.
즐기기 위한 인생, 더 행복하려는 삶을 위해
지금 뒤로 돌아 내 몸이 향하는 방향을 바꿔봅시다.

| 네 번째 만남

내면의 목소리를 들어야
흥분하지 않습니다

얼마 전 지하철을 타고 갈 때였습니다.
맞은편에 앉은 헤드폰을 쓴 사람이
옆자리의 친구에게 이야기를 걸더군요.
그런데 목소리가 어찌나 크던지 건너편에 앉은 제게도 다 들렸습니다.
이런 실수는 누구나 한번쯤 저지르지 않을까 싶습니다.
그런데 왜 헤드폰을 낀 상태에선 자기도 모르게 목소리가 커질까요?

우리가 하는 말은 대뇌에서 정해진 내용이 신경으로 전달되어
성대 주변의 근육들을 움직이고 그 결과 성대가 울려 나오는 것입니다.
그런데도 대뇌는 끊임없이 제대로 말이 나오고 있는지 감시합니다.
귀로 다시 들으며 원래 하려던 말이 정확하게 나오는지 확인하죠.

그런데 헤드폰으로 음악을 듣다보면
자기 말이라도 음악 소리에 묻혀 잘 들리지 않습니다.
그래서 큰 소리로 말을 하게 됩니다.
자기 말이지만 확신이 들지 않아서 목소리가 커지는 것입니다.

우리의 삶에서도 그렇습니다.
자기 내면의 소리를 잘 들을 수 있는 사람은
남에게 지나치게 큰 소리를 내지 않습니다.
반면 자기 내면에 복잡한 소리가 많고,
머리에 온갖 복잡한 것이 차 있을 때는
내면의 소리를 듣기 어렵습니다.
그런 상태에서 말을 하면 큰 소리, 지나친 소리가 나오기 쉽습니다.
스스로에게 확신을 못 가지니 자기확신을 가지려고 목소리만 키웁니다.
아이를 심하게 야단치는 부모를 만나보면
십중팔구 자신의 마음을 돌보지 못하는 분입니다.
자기가 아이를 잘 키우고 있는지 믿음이 없고 불안할 때
부모는 더 큰 목소리로 아이를 야단칩니다.
반면 자기에 대한 믿음이 있는 부모라면
큰 소리를 내지 않고도 부드럽지만 단호한 몇 마디로
아이를 움직일 수 있습니다.

요즘은 큰 목소리가 너무나 많습니다.

그중에는 절박한 입장에서 어쩔 수 없이 외치는 큰 소리도 있지만
그렇지도 않으면서 상대를 누르려고 내는 큰 소리,
자기가 얼마만큼 볼썽사나운지도 모른 채
그저 질러대는 소리도 많습니다.
자기 내면을 들여다보면
인간이란 얼마나 약한 존재인지 누구나 알게 됩니다.
그리고 그 약한 존재가 진짜로 듣고 싶은 목소리가
어떤 것인지 알 수 있습니다.
차분하게 달래주는 목소리, 따뜻하게 위안하는 목소리지요.
우리가 남에게 내야 할 목소리는 그런 목소리입니다.
그런 목소리를 들을 때 상대는 내 말을 따르고 싶어집니다.

그러기 위해선 우선 조용히 자기 내면의 소리를 들어야 합니다.
소통의 출발은 남이 아니라 자기 내면과의 대화이기 때문입니다.
하루 10분이라도 자기 내면과 만나야 합니다.
스스로를 알고, 자기를 믿는 사람이라면
작은 목소리로도 분명 다른 사람을 움직일 수 있습니다. ✿

| 다섯 번째 만남

인생은 답이 없는 문제를
풀어가는 과정

언젠가 새해 첫날 일출을 맞이하러
태백산 정상에 오른 적이 있습니다.
어둠 속에서 작은 불빛에 기대어 산을 오르면서
이 고생을 하고 올라갔는데 일출을 보지 못하면
무척 억울하겠다 싶었습니다.

정상에 오르니 저희 일행 말고도 적지 않은 사람들이
이미 올라와 있었는데 아쉽게도 그날 행운의 여신은
저희에게 미소를 지어주지 않았습니다.
날은 맑았지만 지평선 부근에 구름이 끼어
땅에서 불쑥 해가 솟아오르는 장관은 볼 수 없었습니다.
그래도 조금 지나서 구름을 뚫고 오르는 해를 바라보며

새해 첫날의 마음을 다질 수는 있었지만요.

아쉬워하는 저희 일행에게 무거운 사진기를 세워둔 채
촬영에 열중하던 분이 이야기하더군요.
지평선을 뚫고 올라오는 일출을 보는 것은 쉬운 일이 아니라고.
자신은 수십 번 올라왔지만 겨우 한 번 봤을 뿐이라고요.

인생 역시 이런 것이 아닌가 싶습니다.
노력을 한다고 해서 반드시 성공한다는 보장은 어디에도 없습니다.
고생해서 산을 오른다고 일출을 본다는 보장이 없듯이 말입니다.
하지만 산을 오르지 않는다면 일출을 볼 가능성은 전혀 없겠죠.
내가 할 수 있는 일을 한 다음 좋은 결과가 오기를 기대하는 것.
인생에서 그 이상을 바랄 수는 없을 것입니다.

일출을 볼 가능성이 낮다면 아예 오르지 않는 편이 낫겠다고
이야기하는 분도 있습니다.
어찌 보면 합리적인 듯싶고,
더 의미 있는 다른 일이 있다면 충분히 수긍이 가는 생각입니다.
하지만 결과가 보장되지 않은 일을 무조건 회피한다면
우리가 할 수 있는 일은 얼마 없을 것이고,
스스로 자랑스러울 만한 성취를 이루기란 어려울 것입니다.

'이렇게 고생했는데도 일출을 보지 못하면 어떡하지.' 하는
불안도 우리에겐 당연히 있습니다.
하지만 그런 불안은 산을 오르는 우리의 발을 무겁게 하고,
자칫 중도에 포기하도록 만들 수 있습니다.
더욱 아쉬운 점은 오르는 길, 그 긴 시간을
전혀 즐기지 못하도록 만드는 것이죠.
하얀 눈이 덮혀 순결한 모습으로 서 있는 나무들,
내딛는 발자국마다 느껴지는 푹신한 낙엽의 감촉은
불안한 사람의 마음에는 느껴지지 않습니다.
오직 불안만이 마음을 사로잡고 있으니 과정을 즐길 수가 없습니다.

인생의 대부분은 답이 없는 문제를 푸는 과정입니다.
끝이 보장되지 않은 길을 걸어야 하는 여행입니다.
어쩌면 끝을 알 수 없기에 삶은 이토록 다채로울 수 있습니다.
도망가고 불안해하기보다는 도전하고 과정을 즐기는 것이
무력한 우리 인간에겐 어쩌면 최선의 선택입니다. ✿

| 여섯 번째 만남

성공하고 싶다면
성공적인 계획을 세워야

브리스톨 대학교의 리처드 와이즈먼 교수가
3천 명을 대상으로 조사한 바에 의하면,
사람들이 새해에 세운 결심 중 88퍼센트는 결국 실패한다고 합니다.
같은 조사에 의하면 새해 결심을 세울 때만 해도
52퍼센트의 사람들이 반드시 성공할 것이라고 확신을 가지는데
그에 비하면 결과는 보잘것없죠.

사실 신년 초에 계획을 세운다는 것 자체가
이미 낮은 성공률을 예비하고 있을지 모릅니다.
정말 변화가 절실한 분이었다면
굳이 새해 첫날을 기다리지 않고
미리 계획을 세워 실천하고 있었을 테니까요.

변화는 절실함이 높을수록 성공할 가능성이 높은데
굳이 새해 첫날까지 기다렸다는 건
그만큼 절실함이 약하다는 증거일 것입니다.

물론 '새해 첫날'은 아무것도 쓰이지 않은 백지처럼
무언가 새로운 목표를 적어보기에
좋은 느낌을 주는 것도 사실입니다.
그러나 많은 분들은 그저 습관적으로 새해 첫날 계획을 세우고
또 습관적으로 계획을 지키는 데 실패합니다.
계획 세우는 것이 그저 습관인 셈이죠.
게다가 적지 않은 분들이 남들이 계획을 세우니까
따라하듯 계획을 세우기도 합니다.
이럴 경우 진정한 변화를 기대한다는 것은 무리일 것입니다.

변화란 현실에 만족하지 못한다고 해서 그냥 오는 것이 아닙니다.
따라서 그저 불만족 때문에 계획을 세워서는 성공하기 어렵습니다.
변화에는 변화하지 않으면 안 된다는 절실함이 반드시 필요하고,
구체적인 목표가 정해져야 합니다.

지금의 불만족스러운 현실에서 벗어나는 방법은
여러 가지가 있을 것입니다.
그중 가장 적절하고 이루기 쉬운 방법을

목표로 세워야 성공에 다가갈 수 있습니다.
절실함과 목표가 분명해질 때 동기가 생기는 것입니다.
그제서야 우리는 변화를 위한 출발점에 비로소 서게 되는 것이죠.

목표를 정확히 잡아 계획을 잘 세웠다면
이제 필요한 것은 변화를 위한 전략입니다.
우선 목표를 구체적이면서도 짧은 표어로 만들어보십시오.
예를 들어 이런 식으로 만드는 것입니다.

'술 취해서 일어나는 아침은 이제 그만.'
'그 주에 배운 걸 확인하지 않고 새로운 한 주를 시작할 순 없다.'

그리고 그 표어를 자신이 주로 보는 곳에 적어두십시오.
휴대폰과 컴퓨터 배경화면은 물론
샤워하는 곳 앞에도 코팅을 해서 붙여두면 좋습니다.
어떤 분은 운전대 가운데에도 붙여두시더군요.
한 군데만 붙이지 않고 여러 군데에 붙여야 합니다.
다만 결심할 일이 많더라도 적어두는 표어는
세 개 이내로 하는 게 좋습니다.
결심은 세 개 이하일 때 집중해서 지킬 수 있으니까요.
하나에 성공하면 그 결심 표어는 떼어낸 후
그 자리에 다음 결심 표어를 붙이는 것입니다.

두 번째, 목표를 이루기 위해서는
목표로 향하는 과정을 정확히 머릿속에 그릴 수 있어야 합니다.
막연히 건강한 몸을 만들겠다고 해선 지키기 어렵습니다.
이번 달에는 어떤 식이조절을 하고,
어떤 운동을, 무슨 요일에, 몇 시간 할지 알고 있어야
목표를 향해 기계적으로 움직일 수 있습니다.
우리의 일상은 복잡하고 신경 쓸 일이 한두 가지가 아닙니다.
따라서 계획은 최대한 기계적으로 실천할 수 있도록
세워져 있어야 합니다.
그리고 자신이 계획을 실천하는 모습을
영화 장면처럼 자주 상상해보세요.
그 모습이 실감나게 머릿속에 그려진다면 계획을 세우기 쉬워집니다.

세 번째, 목표로 향하는 단계를 세분화하고
각 단계에 성공하도록 해야 합니다.
성공의 가장 큰 힘은 이전의 성공에서 옵니다.
하루에 한 시간도 공부를 하지 않는 학생이라면
처음부터 하루에 네 시간을 공부하겠다고
무리하게 계획을 세우기보다는
두 주나 한 달 단위로 두 시간, 세 시간으로 늘려가며
성공하는 것이 낫습니다.

계획을 세울 때는 목표에 집착하지 마시고
더 이상 실패하지 않는 계획을 세우는 데
노력을 기울여야 합니다.
다시 한 번 강조하지만
실패는 실패를 낳고 성공은 성공을 낳습니다.

네 번째, 여유를 반드시 두어야 합니다.
계획을 세우다보면 너무 욕심이 과할 수 있습니다.
그러나 우리는 그렇게 완벽한 이성적 존재가 아닙니다.
계획은 실패할 가능성이 많고,
예상치 않은 일은 늘 있기 마련입니다.
그럴 때 여유가 없으면 우린 계획을 지키지 못하고
결국 포기하게 됩니다.
여유는 낭비가 아닙니다. 삶의 일부분입니다.
삶의 일부분을 계획에 넣지 않으면
그 계획은 성공하기 어려울 것입니다.

다섯 번째, 스스로에게 동기 부여를 할 수 있어야 합니다.
어떤 분은 계획을 달성하면 얻을 수 있는 보상을
동기라고 착각합니다. 그런데 보상이 동기는 아닙니다.
자신이 가장 소중하게 여기는 가치가 동기 부여의 원천입니다.
예를 들어 '가족의 행복' '남에게 도움이 되는 인생' 같은 거죠.

자신이 소중히 여기는 가치를 자주 돌아보고
그 가치와 지금 내가 세운 목표를 연결해보십시오.
그럴 때 우리는 회의에 빠지지 않고 목표에 집중할 수 있습니다.

마지막으로 즐거워야 합니다.
자기의 목표 달성을 도와주고 격려할 사람을 옆에 두세요.
그들의 응원과 지지가 큰 힘이 됩니다.
작은 단계에 성공하면 스스로에게 상도 주세요.
작은 상이 우리가 다음 단계를
힘차게 시작하는 데 큰 동력이 됩니다.

목표를 이루는 과정이 괴롭다면
그 괴로움을 오래 견뎌내는 것도 어렵습니다.
목표를 이루는 과정이 바로 우리의 삶입니다.
어디 다른 인생이 있는 것은 아닙니다.
그 과정, 그 시간을 온전히 즐길 수 있을 때
어느덧 목표도 손에 잡을 수 있게 가까이 와 있을 것입니다.

| 일곱 번째 만남

열정만 있다면
꿈을 이룰 수 있을까요?

요즘 갑작스레 꿈이 유행입니다.
자신만의 꿈을 갖고,
그 꿈이 시키는 대로 노력하라는 이야기가 여기저기서 들립니다.
정말 절실한 마음으로 매달린다면 꿈을 이룰 수 있을 것이고,
이루지 못한다 해도 성공으로 가는 디딤돌이 될 거라는 격려가
우리의 마음을 흔듭니다.
특히 그 말을 하는 사람이 가진 것 없이
밑바닥부터 노력해 꿈을 이룬 사람이라면
그 무게가 간단치 않습니다.

사실 꿈꾸고 싶지 않은 사람은 없습니다.
한때는 모두들 꿈을 꾸지요.

하지만 꿈이 자신을 배신하고 상처를 주기에
꿈꾸기를 피하고 포기합니다.
애써 노력하기보다는 눈앞의 현실에서 만족을 얻으려 합니다.
꿈을 또 이루지 못해 상처받기엔
현실이 내게 주는 상처만으로도 충분히 아프니까요.
그렇지만 나무가 하늘로 자라고 싶듯이
우리는 숨이 붙어 있는 한 꿈을 꾸고 싶습니다.
그래서 꿈을 불러내는 소리를 들으면
내 가슴 한구석에 처박혔던 꿈이란 단어는 다시 꿈틀거리죠.

그러나 그저 하면 된다는 말은 너무나 공허합니다.
절실함이 소망을 이룬다는 말은 상처만 될 뿐입니다.
한 번도 절실한 적이 없었던 사람이라면
그 말이 좋은 채찍질이 될 수도 있을 것입니다.
그러나 나이를 먹다보면 절실함도 실패로 끝날 수 있다는 것쯤은
누구나 경험을 통해 알게 됩니다. 그럴 때면 또 이런 질문이 나오죠.
'정말 절실했던 거냐? 스스로에게 정말 떳떳한가?'
이런 질문은 실패에도 불구하고
한 번 더 일어서고 싶은 분들에게 좋은 자극이 될 때도 있습니다.

하지만 그것이 진실은 아닙니다.
정말 절실하면 성공할 수 있다는 말은

정말 용감한 전사가 왕이 될 수 있다는 말과 같습니다.
결국 왕은 한 명일 수밖에 없기에
아무리 용감한 전사라도 최고가 아니면 왕이 되지는 못하죠.
하지만 왕이 못 되었다고 그가 모자란 전사는 아닙니다.
용감했지만 조금 실력이 부족했거나,
아니면 운이 따르지 않았을 수도 있습니다.
성공 역시 마찬가지입니다. 대단한 성공이란 흔치 않습니다.
그런데 성공을 이룬 사람만 진짜 절실했던 것이고
나머지 사람들의 노력은 모두 부족했던 것일까요?

꿈을 꾸고 열정을 갖고 노력하라는 말은 아름답습니다.
하지만 그것이 지나쳐
모든 실패는 열정의 부족이라고 말하는 것은 옳지 않습니다.
열정이 없어도 여러 조건과 자질 덕분에 쉽게 성공하는 사람도 있고,
열정이 있어도 성공하지 못하는 사람도 있습니다.
지금 열정을 보이지 않는다고 비난하는 것은
자칫 실패한 아픔에 아픔을 더하는 것일 수 있습니다.

우리 사회에서 더욱 필요한 것은 채찍질은 아닙니다.
더 많은 사람이 열정을 발휘할 수 있게 펴주는 돗자리,
그리고 실패에 기죽지 않도록 격려하는 시스템일 것입니다.

여덟 번째 만남

킬리만자로의 표범은
무엇을 보았나?

헤밍웨이는 평생을 모험 속에서 살다가
결국 자살로 생을 마감한 작가입니다.
그의 단편 〈킬리만자로의 눈〉의 도입부에는
다음과 같은 구절이 있습니다.

'서쪽 정상 부근에는 표범의 사체가 말라 얼어붙어 있다.
그 높은 곳에서 표범이 무엇을 찾고 있었는지는 아무도 말해주지 않았다.'

이 시대를 사는 많은 사람들은 정상을 바라보며 달리고 있습니다.
현실이 힘에 겨워도 저기 고지에 올라가면
행복할 수 있으리라 자기를 추스릅니다.

아이를 키우는 부모도 마찬가지죠.
너도 할 수 있다고, 저기 정상이 있다고,
지금은 힘들지만 정상에 올라가서 내려다보면
뿌듯할 거라고 아이들을 채찍질합니다.
왜 정상에 올라야 하는지,
거기에 무엇이 있는지는 묻지도 설명하지도 않습니다.
가끔 의문이 들어도 고개를 저으며 그런 생각은 빨리 지우려고 합니다.
이런 의문은 정상으로 향하는 발걸음만 무겁게 할 뿐이니까요.

의문을 갖지 못하는 이유는 단순합니다.
답이 없기 때문입니다.
우리 모두 정상에 가면 뭐가 있을지 알지 못합니다.
그저 그곳에는 뭔가 좋은 게 있을 거라고 생각하죠.

킬리만자로의 표범은 정상에 올랐습니다.
표범은 거기서 무엇을 발견했을까요?
가족도 버리고, 무리도 버리고 외롭게 오른 정상에서
무엇을 발견했을까요?

내려다보는 경치는 환상적이었겠죠.
잠깐 동안은 자신의 수고에 대한,
그리고 힘든 시간을 견뎌낸 자신에 대한

자부심을 가질 수 있을 겁니다.
하지만 그 다음 순간엔 무엇이 표범을 기다릴까요?
그곳은 빈 공간이었을 뿐입니다.
먹이나 물조차 없는 정상에서 외롭게 서 있는 자신이 보였을 겁니다.
이제 지쳐서 내려갈 힘도,
해가 져서 내려갈 시간도 없는 그 순간에
외로이 서 있는 자기를 발견했을 겁니다.

우리 역시 정상에 간다고 해도 거기 얼마나 머물 수 있을까요?
거기서 과연 무엇을 발견할 수 있을까요?
그곳에서 어떤 의미가 우리를 기다리고 있을까요?
우리는 목표와 의미를 자주 혼동합니다.
삶에서 내가 이루려는 목표와
삶에서 내가 찾고 싶은 의미는 다른 겁니다.
의미는 목표 그 이상입니다.
목표를 이루고 싶은 이유가 의미입니다.

오늘 어떤 도전을 해도 좋습니다.
다만 그 도전이 내게 어떤 의미인지,
또 나는 인생에서 어떤 의미를 찾고 싶은지를
먼저 생각해야 합니다.

그래야 그곳이 정상이든, 산등성이든, 아니면 깊은 골짜기든
우린 표범처럼 얼어 죽지 않고
다음 길을 걸어갈 수 있을 것입니다. ✿

| 아홉 번째 만남

도전이 두려운
당신에게

"저는 대학교 3학년 학생입니다.
원래 대학원을 나와 전공을 살려서 취직해야겠다는 생각을 갖고 살았어요.
사실 지금까지의 삶은 평탄해서 큰 문제없이 여기까지 흘러왔습니다.
그런데 이제야 '정말 내가 하고 싶은 것이 무엇일까?' 하는
고민을 하게 되었어요.
'남들과 같은 삶의 패턴이 과연 행복할까.' 하는 의문이 들더라고요.
그렇다고 지금 내가 하고 싶은 것을 찾고,
그런 것들을 다 하고 살면 당장은 즐겁겠지만
나중에 현실적인 문제들과 부딪히지 않을지 두려움도 있습니다.
저와 같은 청춘들은 다 비슷한 고민을 할 겁니다.
어떻게 해야 할까요?"

많은 사람들이 비슷한 고민을 이야기합니다.
뭔가 내가 진정 원하는 삶을 살고 있지 못하다는 것이죠.
도전이란 아름다운 일입니다.
어느 정도의 기득권을 가진 사람이
그걸 포기하고 도전한다면 더욱 아름답습니다.
하지만 자신이 원하는 삶을 산다는 것은
말은 멋지지만 실제로는 그렇게 멋지지만은 않습니다.
우선 안정적인 삶에 비해 약속된 어떤 것도 없습니다.
고속도로를 달리다 하루아침에 시골길로 들어선 셈이죠.
그러다보니 남 보기엔 초라하고
자기 스스로도 익숙하지 않습니다.
부모님 아래지만 따뜻한 아랫목에 살았는데
그걸 포기하고 찬바람 부는 길바닥으로 나선 것이죠.
이처럼 도전할 때는 자기가 선택한 길이 쉽지 않고
매력적이지도 않을 수 있다는 것은 꼭 알고 있어야 합니다.

그렇다고 도전을 피하진 마십시오.
심리학 연구 결과들은
새로운 시도를 할 경우가 하지 않을 경우보다
후회할 가능성이 적다는 것을 보여줍니다.
사람의 머리는 자기가 잘 아는 일에 대해선 합리화를 잘하지만,
모르는 일은 합리화를 하지 못합니다.

따라서 어떤 시도를 할 경우,
그 일을 좀 더 잘 알 수 있게 되면
결과가 어떻든지 긍정적인 점을 찾아내
괜찮은 선택이었다고 포장하기 쉽습니다.
하지만 시도해보지 않은 일이라면
합리화를 시킬 방법이 없어서
시간이 갈수록 점점 도전하지 못한 걸 후회하게 됩니다.

예를 들어 사랑고백을 한 후 거절당한 사람과
아예 고백도 못한 사람 중 누가 더 후회할까요?
거절당한 사람이 더 속상할 것 같지만
고백하지 못한 사람이 결국 더 많이 후회합니다.

만약 어떤 새로운 시도도 하지 않고 평탄한 길을 갈 경우,
시간이 갈수록 하지 못한 일이 생각이 나서
행복에 방해가 됩니다.
그리고 그걸 못 견뎌 뒤늦게 시도하다
더 많은 것을 잃을지도 모릅니다.
그러니 도전을 해보십시오.
요즘은 젊은 사람들에게조차
시도하고, 경험하고, 실패도 할 수 있는 여유가 주어지지 않는 것이
참 안타깝습니다.

하지만 후회 없이 도전하는 것이
행복에는 좀 더 나은 선택이란 연구 결과가
청춘들에게 작은 격려가 되었으면 합니다.

| 열 번째 만남

부족한 나,
그 모습 그대로 괜찮습니다

정신과 의사 초년병 시절,
한 환자분이 제게 최근에 개발된 치료법에 대해 물어보았습니다.
그 치료법은 효과도 괜찮고 부작용은 적어
저도 관심을 갖고 있던 것이었습니다.
그런데 막상 아는 체를 하려니 이름이 딱 생각나지 않는 겁니다.
이름도 말하지 못하면서 치료법을 권하기가 어려워
그냥 아직은 좀 지켜봐야 한다고 대충 얼버무렸습니다.

'그게 낯설어서 이름이 잘 기억이 안 나네요'라고
솔직하게 인정하고, 전화 한 통 하면 알 수 있는데
그것을 인정할 용기가 제게 없었습니다.
환자분이 저 의사는 치료법 이름도 모르는 걸 보니

실력이 형편없다고 무시할까봐 미리 걱정을 한 거죠.
하지만 멀쩡한 치료법, 권할 만한 치료법을
아직 지켜봐야 한다고 말했으니
진짜 실력 없는 행동을 하고 만 것입니다.

이처럼 우리는 자신의 부족한 점을 인정하는 것을 어려워합니다.
당연히 모든 걸 알 수 없는데도 잘 안다는 듯이 행동하거나,
내용을 조금 아는 경우에도 혹시 모르는 것을 물어볼까봐
아예 모르는 것처럼 행동합니다.

살면서 제가 배운 한 가지는
솔직하게 나의 부족한 점을 인정할 때
대부분의 사람들은 싫어하지 않는다는 것입니다.
내 약점을 드러낼 때 오히려 가까워질 수도 있죠.
제가 만나는 환자들도 제가 어떤 내용을 모른다고 하면
오히려 더 친근감을 느낍니다.
너무 자주 모른다고만 하지 않는다면
전문가로서의 신뢰에도 영향을 미치지 않습니다.

부족함은 부끄러운 것이 아닙니다.
그저 인간의 본래 모습입니다.
부모들은 작은 실수나 잘못도 바로 잡아주려고

아이에게 잔소리를 합니다.
다 아이를 사랑하는 마음이죠.
하지만 아이의 여린 마음에 잔소리는 독이 됩니다.

너무 많은 잔소리를 들으며 자란 사람은
작은 잘못, 작은 실수도 용납하지 못하고
자기를 한심하게 여깁니다.
그렇다고 잘못이나 실수를 멈추지도 못합니다.
바로 그게 인간이니까요.
부족한 것을 인정하고, 그렇지만 더 잘해보려는 마음을
또 한 번 가지면 그것으로 충분합니다.
심지어 잘해보려는 마음을 갖는 것도 힘들 때가 있죠.
그럴 때는 조금 뒤로 미뤄도 괜찮습니다.

내가 완벽해야만 나를 믿을 수 있는 건 아닙니다.
부족한 그대로 자기를 믿어야 합니다.
남의 시선에 자신을 너무 맞추려 애쓰지 마세요.
내 수준 그대로, 내 마음 그대로 이야기하면 됩니다.
다만 상대의 반응도 그대로 인정하고 받아들이세요.

아무리 좋은 옷도 내게 안 맞으면 소용없듯이
아무리 좋은 길이라도

내가 직접 선택하지 않은, 남에게 맞춘 길이라면
그 길에서 행복할 수 없습니다.
부족한 내가 못 마땅하더라도
부족한 내게서 시작해야 합니다.
그래야 진짜 내 인생을 살 수 있습니다.

| 열한 번째 만남

경기에서 이기는 사람이
계속 이기기 쉬운 이유

김연아 선수가 세계피겨선수권대회에서 우승을 했습니다.
올림픽 금메달이라는 최고의 자리에 오른 후
1년 이상을 스스로 스케이트를 벗고 지내오다
다시 도전해서 얻은 결과이기에 더욱 놀라운 결과입니다.
어떤 분은 이 정도면 인간의 경지가 아니라고 하는데
그런 평가도 전혀 이상하게 들리지 않습니다.

운동경기를 살펴보면
이기는 사람이 계속 이기는 경우가 많습니다.
한번 1등을 하면 그 자리를 지키기 쉽고,
2등을 한 사람은 만년 2등에 머무는 경우가 많죠.
둘 간의 실력 차이가 뚜렷한 경우도 있겠지만

실력은 백지장 차이인데 승부만 하면
이상하게 한쪽으로 기우는 경우도 있습니다.
그 이유를 스포츠 심리학에선 자신감으로 설명합니다.

자신감이 높을 때 우리는 자신을 더 잘 조절할 수 있습니다.
승부라는 것은 순식간에 이루어지고
승자와 패자가 맞이하는 결과는 하늘과 땅 차이입니다.
그러다보니 긴장감은 불가피하죠.
그런데 자꾸 대결에서 지다보면
그 사람 앞에만 서면 자신감이 떨어지고 더 긴장하게 됩니다.
긴장은 내 몸과 마음의 유연성을 떨어뜨리고
그로 인해 우리는 스스로를 조절하기가 더 어려워집니다.
결국 평소 실력에 미치지 못하는 경기력을 보이게 되죠.
이런 이유로 실력의 차이가 크지 않은 상황에선
자신감이 경기의 결과를 좌우합니다.

그렇다면 자꾸 경기에서 지는 사람에겐
어떤 마음가짐이 필요할까요?
우리는 흔히 최선을 다하라,
평소에 더 열심히 노력하면 분명 이길 수 있다고 말합니다.
그런데 이 말처럼 사람을 괴롭히는 말은 없습니다.

경기에 진 것이 최선을 다 하지 않아서라고
생각하는 것이 얼핏 보면 그럴듯한 결론이지만
실제 준비과정에서 너무나 힘들게 노력했다면
그 말처럼 잔인한 말이 또 없습니다.
챔피언이라고 해도 자기보다 대단히 더 노력한 것은 아닐 텐데,
늘 그가 이긴다면 과연 앞으로는 이길 수 있을까 싶습니다.
그래서 상대가 더 대단해 보이고, 내 자신감은 더 떨어집니다.
그러다보면 경기에서 더 위축되어 실력 발휘를 못 하게 되죠.

저는 오히려 승부에서 꼭 이겨야만 한다는 마음을 버리라고 합니다.
경기의 승리는 자신이 결정할 수 없습니다.
경기란 최선을 다 했지만 결과는 좋지 않은 경우도 있고,
어찌하다보니 예상외로 좋은 결과를 얻을 때도 있습니다.
프로 선수라면 이런 경험은 다 해보았을 것입니다.
내가 상대를 이길 수 있을지, 우승자가 될 수 있는지는
나의 노력만으로 답을 낼 수는 없습니다.
다만 나는 내가 할 수 있는 최선의 모습을 보여주는 것뿐이죠.

인생이란 승부에서도 마찬가지입니다.
내가 노력한다고 결과까지 좋을지는 알 수 없습니다.
결과란 예측하기 어렵습니다.
그런데 이처럼 예측하기 어려운 결과에 집착하는 순간

불안감은 내 마음에 빠르게 스며들고
우리는 스스로에 대한 통제력을 잃게 됩니다.
그러다보면 자세는 이내 흐트러지고
불안감을 다스리기 위해 많은 시간을 낭비하게 됩니다.

차라리 내가 통제할 수 있는 것에 더 집중하십시오.
내 마음, 내 자세, 내 하루하루의 행동에 더 집중하십시오.
그렇게 자기에게 집중하는 것이 우리에게 최선입니다.
그리고 최선의 모습을 보인 것이라면
비록 결과가 좋지 않아도 나에게만큼은 내가 승리자입니다.
내 모습을 자랑스러워해도 될 당당한 승리자입니다.

| 열두 번째 만남

불행은 막상 부딪히면
더 잘 이겨냅니다

불행은 누구나 피하고 싶지만
살다보면 도망갈 수 없는 상황에 부딪힙니다.
가족 중 누군가가 큰 병에 걸린다거나,
사랑하는 사람과 헤어지거나, 직장이 문을 닫는 등의 상황은
생각하는 것만으로도 기분이 우울해집니다.
내게 그런 상황이 닥친다는 것은 상상하고 싶지도 않죠.

하지만 막상 불행한 일이 닥치면
우리는 또 그 상황을 그럭저럭 버티고 적응하며 헤쳐 나옵니다.
물론 고통스럽지만 미리 걱정하던 것에 비해서는 훨씬 잘 해내죠.
이런 현상을 심리학에선 '충격편향'이란 말로 설명합니다.

사람들은 흔히 어떤 정서적인 사건이
자신에게 미치는 충격을 과대평가하는 경향이 있습니다.
예를 들어 운동선수들은 자기가 속한 팀이
중요한 시합에서 패할 경우 큰 충격을 받을 것이라고 말하지만
막상 그런 상황이 벌어지면 오래지 않아 충격에서 벗어납니다.

불행뿐 아니라 기쁨이나 즐거움도 마찬가지입니다.
오랫동안 갖고 싶던 물건을 갖게 되면
몹시 기쁘고 한참 동안 그 기쁨이 지속될 것이라 기대하지만
막상 물건을 갖게 되면 기쁨은 그리 오래가지 않습니다.

왜냐하면 우리가 기대하고 있거나, 피하고 싶은 사건도
우리들 하루하루의 삶을 두고 보자면
그저 하나의 구성 요소에 불과하기 때문입니다.
예를 들어 바라던 물건을 갖게 되었지만
마침 그 시기에 병에 걸린다거나, 친구와 다툴 수도 있습니다.
그렇다면 그 기쁨을 충분히 느낄 수 없겠죠.

나쁜 일도 마찬가지입니다.
삶에서 불행은 한꺼번에 들이닥친다는 말이 있긴 하지만
불행한 일이 벌어진 순간에도 소소한 기쁨과 즐거움은 존재합니다.
경기에는 졌지만 가족에게 좋은 일이 생길 수도 있고,

친구에게 좋은 선물을 받을 수도 있습니다.
능력을 인정받아 다른 팀에서 스카우트를 제안받을 수도 있고
대단한 일은 아니지만 좋아하던 가수가
새로운 음반을 내는 것도 우리를 기쁘게 합니다.
그렇게 우리는 위안을 받고 그 상황을 버텨낼 수 있습니다.

뿐만 아니라 우리에겐 불행에 대한 면역성이 있습니다.
안 좋은 일이 벌어지면 내 마음은 그 일을 합리화하거나
다른 핑계를 대며 충격을 줄이려고 노력합니다.
중요한 시험에 떨어지면
시험이 공정하게 치러지지 않았다고 비난하거나
어차피 나는 이 일을 그리하고 싶지 않았다고 자기방어를 하죠.
물론 시험에 떨어지기 전에는
자기가 자기방어를 할 것이라고 예상하는 사람은 없습니다.
그러다보니 시험에 떨어지면 많이 불행할 거라고 생각하죠.

사랑에 있어서도 마찬가지입니다.
지금의 관계가 끊어지면
내겐 너무나 소중한 것이 사라지는 것이라 생각하지만
막상 이별 후엔
헤어짐이 불가피했던 이유를 생각하며 자신을 달랩니다.
상대가 나를 괴롭게 했던 점을 떠올리거나,

더 나은 사람을 만날 수 있을 것이라 기대하고,
다른 일에 더 집중할 수 있어 좋다고 자신을 달래죠.
어찌 생각해보면 이런 행동이 조금 구차해보이긴 하지만
그래도 살아내고 버텨내는 것이 우리에겐 중요하기에
대부분의 사람들은 이런 방법을 사용하고
그렇게 살아남아 다시 새로운 사랑을 꽃피웁니다.

**어차피 우리 인생에서 불행한 일은 벌어지기 마련입니다.
때로는 불행을 감수하고 돌파해야 하는 순간도 있습니다.**
불행의 결과를 지나치게 크고 심각하게 생각한다면
이런 상황을 모두 피해가려고 하겠죠.
그리고 그것이 어쩌면 우리 인생을 더 불행하게 만들 수도 있습니다.
조금씩 자신을 궁지로 몰아가 보잘것없게 만들지요.
불행을 이길 힘도 나에게 있다고 믿는 것,
그것은 어른으로서 이 세상을 살아가기 위해
꼭 필요한 스스로에 대한 사랑입니다. ❁

| 열세 번째 만남

내게 상처를 준 과거를
용서한다는 것

정신과 의사라고 인생을 현명하게 살아가는 건 아닙니다.
인생은 물론 진료실에서의 선택도 어려울 때가 많습니다.
그 대표적인 상황이 용서에 대한 부분입니다.

누군가 깊은 상처를 입고 찾아옵니다.
왕따를 당한 사람도, 실연을 당한 사람도,
크고 작은 폭력의 희생자가 된 사람도 있습니다.
진료실을 찾은 이유는 상처가 여전히 아프고,
자신에게 상처를 입힌 사람이 원망스러워서일 것입니다.
상대에게는 분노가 치밀고,
상처받기 이전의 자신으로 돌아가지 못하는
스스로에게도 짜증이 나겠죠.

그 어떤 원인의 상처이든
가장 중요한 것은 상처의 치유입니다.
몸의 상처는 세균 감염 등의 합병증만 없다면
시간이 가며 저절로 낫습니다.
상처가 크면 흉터가 남겠지만
흉터가 상처 그 자체는 아닙니다.
알고 보면 마음의 상처도 마찬가지입니다.
상처가 잘 아물면 별문제가 없기에
일상에서 받는 수많은 스트레스들이 그렇게 잊힙니다.

하지만 큰 상처는 저절로 아물지 않습니다.
아쉽게도 몸에 큰 상처가 나면
병원에 가서 봉합도 하고 항생제 주사도 맞는데
마음의 큰 상처는 자기 혼자 감당해야 합니다.
그러다보니 의료기술이 없던 시절에
발가락만 다쳐도 상처가 덧나 다리를 잘라내듯
마음에 난 상처 하나가 인생 전체를 흔들 수도 있습니다.

다리 전체가 곪아서 썩어가는 환자를 발견했다면
의사는 더 이상 병이 진행되어 목숨까지 잃지 않도록
다리를 절단할 것입니다.
원래의 건강한 다리로 영원히 돌아갈 순 없겠지만

이미 벌어진 상황에서 최선의 선택은 그것이니까요.

마음의 상처도 마찬가지입니다.
어떻게든 상처를 그 사람의 인생에서 덜어내야 합니다.
그리고 새로운 인생을 다시 살아가게 도와야 합니다.
그러려면 과거의 상처를 잊도록 도와야 하는데 이게 쉽지 않습니다.
상처를 입힌 사람은 그대로인데,
왜 당한 사람이 먼저 상처를 잊어야 하는 것인지 하는
윤리적인 문제에 부딪힙니다.

게다가 잊기 위해선
그저 생각하지 않으려는 것만으론 부족할 수 있습니다.
상대보다 내가 우위에 서서 그를 용서할 때
상처는 더 잘 치유됩니다.
그런데 용서란 당사자가 하는 것이지
누가 용서하라고 강요할 수 있겠습니까?
피해자의 마음이 풀리지 않았을 땐
용서하는 것이 당신에게 이롭다고 말하는 것조차
또 다른 상처를 줄 수 있습니다.

사실 용서는 과거의 기억을 바꾸는 작업입니다.
과거의 순간을 정면으로 들여다보고

그 기억을 재해석하는 것입니다.
내게 상처를 준 상대를 기억의 주인으로 두지 않고
내가 기억의 주인이 되는 과정입니다.
내 기억에 가득 찬 상대에 대한 분노와 억울함을 비우고
그 자리를 나에 대한 동정과 이해로 채우는 과정입니다.
내게 더 이상 중요하지 않은 상대는 잊어버리고
내게 더 없이 소중한 나 자신, 과거의 나에게
주목하는 행위입니다.

물론 이런 질문도 가능합니다.
꼭 용서를 해야만 치유가 가능하냐고.
아마 그렇지는 않을 것입니다.
하지만 대형참사를 당한 사람들에 대한 연구를 살펴보면
빨리 용서한 사람일수록 더 나은 삶을 살게 되는 것은 분명합니다.
알고 보면 희생자가 하는 용서란 진짜 용서이긴 어렵습니다.
그저 과거를 벗어나 미래로 나아가기 위한,
자기의 존엄성을 세우려는 몸부림입니다.
이처럼 용서는 자기 자신을 위한 행동이지
내게 피해를 입힌 상대를 위해서 하는 행위는 절대 아닙니다.

그럼에도 정신과 의사의 입장에서는 늘 고민이 됩니다.
이제 과거를 끊어내야 한다는 말을 언제 꺼내야 할지,

용서라는 말을 하는 게 과연 좋을지 판단은 쉽지 않습니다.
물론 상처를 입은 사람이 스스로 꺼낼 때까지
기다리는 것이 원칙이겠죠.
하지만 그 시간이 오래 걸려 점점 상처가 깊어만 가고 있다면
정신과 의사의 갈등도 깊어질 수밖에 없습니다.

| 열네 번째 만남

위로는 슬픔을
힘으로 만드는 연금술사

살다보면 견디기 어려운 슬픔의 순간이 있습니다.
오랫동안 노력한 일이 수포로 돌아가거나
사랑하는 사람을 잃거나 멀리 떠나보내야 할 때
슬픔은 해일처럼 밀려와 버티고 버티려 해도
우리의 무릎을 꺾고, 눈앞을 뿌옇게 흐리게 합니다.
어떤 일과 사람에게 시간을 들이고 마음을 주었다는 것은
내 일부를 상대에게 떼어준 것입니다.
따라서 내 일부를 가진 상대가 떠나간 것은 곧 나를 잃은 것이고,
내 일부가 무의미한 시간 속으로 사라진 듯한 느낌을 가지게 됩니다.

이처럼 슬픔에 빠진 상황에서는 종종
마음을 담은 위로조차 받아들이기 어려울 수 있습니다.

어쩌면 현실을 받아들이고 싶지 않을 수도 있고,
왜 이런 상황이 왔는지 누군가에게라도 화를 내며
감정을 터뜨리고 싶을 겁니다.
그런 부정과 분노의 시간이 지난 뒤에야 슬픔의 시간이 올 것이고,
그때 비로소 위로가 필요할 것입니다.

슬픔의 시간을 보내는 분들께 전 마음껏 울어보도록 권합니다.
눈물은 내면에 쌓인 정리되지 않은 감정들을 씻어서 내보냅니다.
굳이 울음의 이유를 찾을 필요는 없습니다.
눈물이 올라오는 것이 바로 이유입니다.

이때 우는 사람의 옆에서 그만 울라고,
다 잘 될 거라고 말하는 건 좋지 않습니다.
울어도 된다고, 우는 모습 그대로도 괜찮다고
옆을 지켜주는 편이 더 낫습니다.
우는 것은 아이들이나 하는 것이고,
어른이 울면 창피한 거라고 생각해
우리는 울음을 억지로 참아냅니다.
참아내느라 에너지를 써서 정작 살아갈 힘을 다 잃고 마는데도
그저 참고 있습니다.

울어도 괜찮습니다.

울 수 있다는 것이 더 아름다운 겁니다.
그런 감정을 갖고 있기에 사람이고,
그런 감정을 갖고 있기에
삶을 역동적으로 만들어갈 수 있는 겁니다.

누군가 울고 있다면 그대로 옆에 앉아 계세요.
어색해하지 마세요.
그리고 상대방이 다 울고 난 다음에
등을 토닥이거나 손을 잡아주세요.
때로는 행동이 말보다 더 강한 메시지입니다.
위로는 신체접촉을 통해 가장 잘 이뤄집니다.
상대가 깊은 감정을 보여주고,
내가 그 감정에 공감하고 존중하고 있음을 보여줄 때
위로가 이뤄집니다.

위로란 진흙 속에 피는 연꽃입니다.
어떤 경우일지라도 슬픔이란 괴로운 일이지만
그 슬픔이 우리에게 깊은 관계를 선사합니다.
위로받고 위로하는 사이, 힘들 때 곁을 지켜준 사이,
이런 관계를 만들어주기에
슬픔도 때론 새로운 미래를 여는 힘이 되는 것입니다.

| 열다섯 번째 만남

부정적인 생각을
끊어내기가 어렵습니다

"저는 예전의 안 좋았던 기억이 끊임없이 떠오릅니다.
집안일을 하거나, 책을 보거나, 심지어 운전을 할 때도
생각에 생각이 꼬리를 물고 안 좋았던 기억이 올라와
마음이 너무 괴롭습니다. 그러다보니 욱하고 화도 많이 내죠.
아버지도 이러셨는데 저도 똑같다니 어찌해야 할까요?"

많은 사람들의 생각과 달리
우리의 성격이나 사고방식도 유전이 됩니다.
성격은 타고난 기질과 환경의 영향이 함께 작용하여 만들어지는데,
타고난 기질엔 분명 부모의 유전적 영향이 있고,
환경도 부모의 생활태도의 영향을 많이 받게 됩니다.
그래서 어릴 적엔 나이 차이 때문에 달라 보여도,

자신이 어린 시절 자신을 키운 부모의 나이가 되면
얼마나 서로 닮은 부분이 많은지 알고 깜짝 놀라게 됩니다.

물론 유전이란 것이 어떤 경향성이 내려오는 것이지
특성 그대로 닮는 것은 아닙니다.
게다가 아빠와 엄마의 유전자가 섞여서 내가 되는 것이니
유전자에도 차이가 큽니다.
얼굴도 부모와 별로 닮지 않은 자식이 있듯
성격도 천양지차인 자식도 있습니다.
그런데 어떤 병적 요소가 유전되는 경우엔
그 영향력이 너무 커서 비슷해 보일 수 있습니다.

앞에 예를 든 분의 경우도 그렇습니다.
모든 일엔 긍정적인 점과 부정적인 점이 공존하는데,
자꾸 부정적인 것만 눈에 보이고 더 오래 생각이 나나봅니다.
기분이 나빠지면 이런 경향이 더 강해져
내가 서운했던 일, 상대가 잘못한 일들이 계속 떠오릅니다.
심지어 실제로는 그렇지 않은 일도
안 좋은 의도가 있었다고 믿게 되고,
미래는 나쁘게만 흐를 것이라 믿게 됩니다.

이때 중요한 것은 그런 자신의 태도에

스스로 레드카드를 내미는 것입니다.
인간은 자기도 모르게 자신의 행동은 어쩔 수 없고,
바꿀 수도 없을 것이라 생각합니다.
스스로 바꾸고 싶다고 늘 이야기하면서도
막상 그 상황이 닥치면
자신을 제어하고 멈추려는 노력을 하지 않습니다.
게다가 흥분할수록 이성보다는 감정이 앞서기에
늘 자신이 해오던 대로 하기 쉽습니다.

그러나 그래 가지고는 늘 저지르고 후회하고
또 저지르는 악순환에서 벗어날 수 없습니다.
나도 모르게 안 좋은 생각이 꼬리에 꼬리를 문다면
이건 내가 아니라고, 이런 나를 잘라버리겠다고
독한 마음을 먹고 맞서십시오.
내 생각이지만 내 생각이 아니라고, 그만 날 괴롭히고
더 이상 내 머릿속에 있지 말라고 외치십시오.

신나는 음악을 듣거나,
기분 좋은 생각이 떠오르는 사진을 보면서
내 머릿속을 파고드는 부정적 사고들과 싸워야 합니다.
더 이상 나쁜 생각을 이어가지 않겠다는 결심을 담은
작은 액세서리를 만들어

부적처럼 늘 들고 다니는 것도 좋습니다.
명상도 큰 도움이 됩니다.
명상은 나에게서 한 걸음 떨어져 걱정하는 자신을
객관적으로 볼 수 있도록 도와줍니다.
이런 방법으로도 안 될 때는
전문가의 도움도 기꺼이 받아보십시오.

지금까지 살면서 이런 내 성격 때문에
도움이 된 부분도 분명 많을 겁니다.
늘 조심하다보니 노력도 많이 하고 살았을 거고,
내 실수로 남에게 피해를 준 적도 없었을 겁니다.
자기 앞가림 잘하는 자식으로 부모에게 인정도 받았겠죠.
하지만 그만큼 손해도 많았을 겁니다.
나를 비난하고, 남에게 감정을 폭발시킬 에너지를
내 발전을 위해 썼다면 난 분명 더 나은 사람이 되었을 겁니다.

겨울에 날 따뜻하게 감싸주던 고마운 옷이라도
봄이 되면 벗고 새 옷을 입어야 합니다.
오랫동안 내게 붙어서 때론 도움도 되었지만
결국은 날 괴롭힌 자신의 성격도 이젠 벗어버려야 합니다.
습관처럼 입고 있거나, 그냥 머무르려 하지 않고
매 순간 반드시 벗어버리려고 노력한다면,

그리고 그 노력이 꾸준하다면
성격이란 옷을 벗는 것쯤이야 그리 어렵진 않을 겁니다. ✿

| 열여섯 번째 만남

위기에 맞닥뜨리면
베테랑은 어떻게 결정하나?

위험한 상황에서 가장 좋은 선택 방법은 무엇일까요?
가능한 모든 방법을 꺼내놓고 장점과 단점을 검토해서
제일 나은 방법을 찾는 것이 최선일까요?

게리 클라인이란 심리학자는 사람들이 중요한 결정을
어떻게 내리는지에 관심이 많았습니다.
그래서 소방관, 외과의사, 공군 조종사와 같이
순간적으로 중요한 의사결정을 해야 하는 사람들을
직접 만나 연구를 했죠.
불길이 타오르는 것을 진압하고
쇼크에 빠진 사람을 구하는 상황에서
어떤 과정을 거쳐 그런 결정을 한 것이냐고 묻자

대부분의 전문가들은 놀랍게도
'뭐 그냥 그 순간 느끼는 대로 행동했다'고 하였습니다.

다들 베테랑이니까
뭔가 멋진 의사결정 방법을 갖고 있으리라 생각했는데
허탈한 결과인거죠.
흔히 말하는 합리적인 의사결정 과정은
여러 가지 방법과 대안을 나열한 후
각각의 장단점을 분석해서 판단하는 것입니다.
그런데 이런 의사결정 과정은 베테랑들에게선 찾아보기 어려웠습니다.
혹시 결정 과정에 이르는 속도가 너무 빨라서
본인조차 인지하지 못하는 것이 아닐까 싶어
자세히 물어봤지만 그렇지 않았습니다.
반면 초심자들, 즉 초보 의사나 신참 소방관은
합리적인 의사결정을 하려고
이것저것 따졌습니다.
초보자들은 교과서에 나오듯 의사결정의 정석을 따르는데
고수들은 그냥 본능적으로 결정하는 것입니다.

상황이 급박할수록 빠른 결정이 필요합니다.
여러 가지 가능성을 나열하고 고민하기보다는
처음 떠오른 생각, 처음 떠오른 방법에 집중하여

그 방법대로 하면 혹시 위험성이 있을지 그 한 가지만 살펴보고
결정적인 위험이 없다면 바로 시행하는 겁니다.

물론 더 좋은 결정도 있을 겁니다.
하지만 시간이 그 어떤 것보다 소중합니다.
불이 난 집에선 단 10분 만에도 집이 무너져
소화 작업을 하는 소방관들의 목숨이 위험할 수 있습니다.
수술 중 혈관이 터지면
몇 분 만에도 쇼크로 목숨을 잃을 수 있습니다.

초보에서 고수로 가는 길에서 가장 중요한 것은 경험입니다.
자기 내부에 경험이 충분히 쌓인 경우
종합적으로 상황이 눈에 들어오며
상황에 맞는 답이 쉽게 떠오릅니다.
이것이 직관입니다.
경험이 쌓여서 만들어낸 경험의 아들이 직관입니다.
직관은 별다른 근거가 없어 보이지만
내면에서 수많은 경험을 녹여 정수가 우러나온 것이기에
가치가 있습니다.

초심자들은 결정을 해놓고도 좋은 결정인지 걱정하느라
실천을 못 하거나, 실천을 해도 힘이 실리지 않는 경우가 많습니다.

그러나 일단 결정을 했다면 우선 최선을 다해 시행하십시오.
차라리 일이 다 끝난 뒤 다시 전체 과정을 살펴보세요.
어떤 결정이 더 나았을까 복기하는 거죠.
그러면서 배우는 겁니다.
그렇게 경험이 쌓이다보면 점점 더 나은 직관을 갖게 되고,
점점 더 나은 선택도 할 수 있을 겁니다. ❀

| 열일곱 번째 만남

자기 자신을
기만하는 인간의 속성

워비곤 호수라고 들어보셨는지요?
당연히 모르실 겁니다.
사실 이 호수는 실제로 존재하는 호수가 아닙니다.
미국의 작가인 개리슨 케일러가 자신이 제작한
라디오 쇼에서 만들어낸 가상의 호수죠.

그런데 심리학을 공부한 사람에게
이 호수는 제법 유명합니다.
케일러는 이 호수가 있는 마을의 여자들은 모두 강하고,
남자들은 다 잘생겼으며,
아이들은 여러 면에서 모두 평균 이상이라고 했습니다.
이 가상의 마을이 이상적인 마을처럼 보이지만

사실 이 마을은 우리 인간이 스스로를 판단하는
태도를 비유한 것에 불과합니다.

미국에서 조사를 해보면 고등학생의 98퍼센트는
자신이 평균 이상의 사회성을 갖고 있다고 평가합니다.
대학교수의 95퍼센트는 자신이 평균 이상의
연구를 하고 있다고 말하죠.
기업의 사장도, 가정의 부모도 대개 자신을
최소한 평균 이상은 된다고 말합니다.
평균이란 딱 가운데인 건데
모두가 평균 이상이라면 평균은 올라가겠죠.

저를 찾아온 부모들이
'전 우리 아이에 대해 별로 욕심을 내지 않아요'라고
이야기할 때가 있습니다.
제가 경험이 부족할 때는 그 말을 있는 그대로 믿었습니다.
하지만 지금은, 그런 말을 하는 부모들이 바라는
아이 성적이 실제로는 최소 상위 20퍼센트 정도임을 알고 있습니다.
아이가 초등학생이면 부모들은 아이가 당연히 나중에
서울 시내에 있는 대학 정도는 들어갈 것이라 생각하죠.
그런 대학에 들어가려면
상위 10퍼센트 성적이 필요한데도 말입니다.

이처럼 인간은 자신의 실제 모습보다
스스로를 긍정적으로 생각하는 경향이 있습니다.
이런 인간의 속성을 '워비곤 호수 효과'라고 합니다.

그렇다고 사람들이 자신의 실제 능력을
모르는 것은 아닙니다.
알면서도 꼭 드러날 수밖에 없을 때까지는
그걸 모르는 척합니다.
다른 사람의 수준은 잘 보는 사람조차도
자신의 수준은 제대로 보지 않습니다.
남의 눈의 티는 잘 보면서 제 눈에 있는 들보는 못 보는 것입니다.

그렇다면 인간은 왜 이런 속성을 갖게 되었을까요?
각박한 현실을 견디며 긍정적인 자세로 계속 도전하기 위해서는
어느 정도의 자기기만은 필요했을 것입니다.
인류의 진화 과정에서도 그런 속성을 가진 조상들이
자연선택되었을 확률이 높았을 것입니다.

'용감한 사람이 미인을 얻는다'는 속담도 있으니까요.
하지만 이런 속성은 우릴 궁지에 몰아넣을 수도 있습니다.
심리학자 톰 길로비치의 말대로

"우리를 곤란에 빠뜨리는 것은
우리가 모르는 것이 아니라
우리가 잘못 알고 있는 것들"이기 때문입니다.

자기를 속이지 않으면서도 긍정적인 기운을 잃지 않는 것.
쉽지 않지만 결국 우리가 가야 할 방향은 그것입니다. ❀

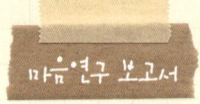

혈액형에 따른 성격 차이 사실일까요?

우리나라에서 가장 영향력 있는 성격이론은 무엇일까요?
두말할 것 없이 '혈액형 성격이론'일 것입니다.
사람들은 미팅에 나가서도 혈액형을 물어보고
누군가 마음에 안 드는 행동을 하면
"그 사람 혈액형이 뭐야?" 하고 묻습니다.
전문가들이 혈액형과 성격은 연관성이 없다고
아무리 주장해도 혈액형 성격이론의 위세는 꺾이지 않습니다.

연세대학교 심리학과의 서은국 교수팀은
2백여 명의 대학생을 대상으로
대표적인 성격유형 검사인 Big5 검사를 실시해보았습니다.
그 검사 결과를 혈액형과 함께 분석해보니
혈액형이 특정한 성격 유형과 관련이 있다는
근거는 전혀 없었습니다.

Big5 검사는 외향성, 원만성, 개방성, 성실성, 신경증 등
다섯 가지 범주에서 성격 특성을 측정하는데,
혈액형에 따른 점수 차이가 없다는 말은
특정 혈액형을 가졌다고 더 외향적이거나,

더 원만하거나, 더 까칠하진 않다는 것을 의미합니다.

연구진은 여기에 한 가지 검사를 추가해보았습니다.
흔히 혈액형별 성격이라고 말하는 고정관념에 해당하는
형용사를 나열하고 참가자들에게 자신이 거기에 해당한다고
생각하면 표시를 하도록 하는 검사였습니다.

흔히 A형은 소심하고 꼼꼼하고 내성적인 사람,
B형은 변덕스럽고 다혈질인 사람, AB형은 독특한 사람,
O형은 활발하고 원만하고 너그러운 사람이라고 말합니다.
이처럼 각각의 혈액형에는 그에 어울리는 형용사가 있죠.
참가자들에게 이들 형용사를 제시하고
자기에게 맞는 것을 고르라고 하자
사람들은 자신의 혈액형에 해당하는 고정관념을
갖고 있다고 선택하는 경우가 많았습니다.

두 가지 검사를 종합해서 보자면
객관적으로는 혈액형에 따른 성격 차이가 존재하지 않지만
개개인은 자신이 혈액형에 따른 성격에 해당한다고
생각하고 있는 것입니다.
재미난 점은 혈액형별 성격에 대한 믿음의 정도를 확인한 결과
믿음이 강할수록 고정관념을 따르는 경우가 많았습니다.

왜 이런 현상이 생겼을까요?
애초부터 자기 성격이 혈액형별 고정관념에 들어맞는다고
생각한 사람들은 더욱 강하게 혈액형 성격이론을 믿고,
안 맞는다고 생각한 사람들은 그냥 무시하기 때문입니다.
그래서 믿는 사람에겐 혈액형별 성격은 진짜 진리가 되고
나머지 사람에겐 그저 심심풀이가 된 후 잊히게 되죠.
어쨌든 강하게 믿는 사람이 있으니 계속 위세를 갖게 됩니다.

문제는 자신만 믿으면 큰 문제는 없는데,
다른 사람에게도 맞을 거라고 믿는 데서 발생합니다.
고정관념이란 엄청난 힘이 있습니다.
특히 고정관념이 사회적으로도 인정받을 경우 그 힘은 막강합니다.
인간이란 자신의 믿음에 반하는 증거는 무시하고,
믿음을 강화시켜주는 증거만 받아들이는 경향이 있기 때문에
고정관념은 갈수록 단단해지기 쉽습니다.

안타까운 점은 그 결과입니다.
고정관념으로 나와 다른 사람을 바라본다면
우리는 진짜 현실을 계속 보지 못할 겁니다.
그저 내 머릿속 세상을 진리라 믿으며 오해 속에 살아가기 쉽습니다.
자신과 타인을 일정한 틀에 묶어두고 계속 오해하며 바라보는 사람.
그게 우리의 모습일지 모릅니다.

사족

혈액형별 고정관념을 가장 많이 믿는 혈액형은 A형입니다.
그 다음은 B형이고, O형과 AB형은 믿지 않는 경우가 많습니다.
A형이 더 많이 믿는 이유는 A형에 해당하는 고정관념이
일정 인구에 높은 비율로 존재하는 잘 짜여진 내용이기 때문입니다.
소심한 사람은 꼼꼼하기 쉽고 또 내향적일 가능성이 많습니다.
한마디로 그럴 듯한데 게다가 이런 사람들은 꽤 많이 있습니다.
거기에 더해 우리나라에는 A형이 34퍼센트로 가장 많습니다.

어느 혈액형이든 자신에 대해 갖고 있는 고정관념을 비교해보면
A형의 고정관념을 갖고 있다고 말하는 사람의 비율이 가장 높습니다.
B형 중에도, O형 중에도 A형 고정관념에 해당하는 사람이 가장 많죠.
그런데 마침 A형이 가장 많고,
그들은 자기에게 들어맞는 A형 고정관념을 보고
'아! 이 이론이 사실이구나.' 하고 믿게 되는 거지요.
누군가 혈액형 성격이론을 신봉한다면 한번 이렇게 물어보세요.
"혹시 A형 아니에요?"
아마도 들어맞을 확률이 높을 것입니다.

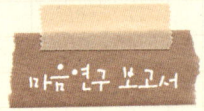

졸업사진의 인상이 미래를 결정한다?

버클리 대학교 라벤나 헬슨 교수는
1959년 기념비적인 연구를 시작합니다.

그해와 이듬해 밀스 대학교를 졸업한 여성 110명을 대상으로
이들의 삶을 50년간 추적·관찰하는 연구를 시작했습니다.
'밀스 추적 연구'라고 불리는 이 연구는
여성의 삶에 대한 새로운 통찰을 많이 가져다주었습니다.

이 연구의 일환으로 대커 켈트너 교수와 리엔 하커 연구원은
재미난 연구를 실시했는데 110명의 졸업사진 속 인상이
그들의 인생에 어떤 영향을 미치는가에 대한 것이었습니다.

연구진은 졸업사진에서
눈 주위 근육과 광대 근육의 움직임을 살핀 뒤
얼마나 밝은 미소를 지었는지 점수로 나타냈습니다.
그리고 이 점수와 그들의 삶 사이의 연관성을 살펴보았죠.
과연 졸업사진 한 장이 어떤 대표성이 있겠는지
많은 의문이 제기되었지만 결과는 놀라웠습니다.

졸업사진에서 더 따뜻하고 뚜렷한 미소를 보인 사람일수록
이후 30년 동안 내내 좀 더 안정적인 심리 상태를 유지했습니다.
집중력도 높았고 보다 목표지향적인 삶을 살았습니다.
인간관계에 있어서도 더 많은 유대감을 경험했으며
삶에 대한 만족도 역시 높았습니다.

미소가 중요하다고는 하지만 어떻게 이런 결과가 가능할까요?
바버라 프레드릭슨 교수의 연구는 여기에 답을 내려줍니다.
그는 사람들에게 미소를 짓게 한 뒤 신체반응을 계측하였습니다.
그 결과 미소를 지을 때 심혈관계의 안정성이 좋아져서
스트레스가 줄어든다는 것을 밝혀냈습니다.
미소가 심리적인 안정감을 가져오는 것이죠.

미소로 인한 변화는 뇌에서도 일어납니다.
미소를 짓는 동안 우리의 대뇌에선
목표 지향적인 행동을 하도록 하는 영역이 활성화됩니다.
이 부분이 활성화되면 우리는 좀 더 집중하기 쉬워지고
목표에 충실할 수 있습니다.
또한 다른 사람의 미소를 보고 있는 것만으로도
뇌에서 도파민이 분비되어
상대에게 좀 더 쉽게 다가가고 싶은 마음이 생깁니다.

결국 미소는 나와 상대의 마음을 모두 말랑말랑하게 해주어
새로운 도전을 가능하게 합니다.
9개월 된 아이를 대상으로 실험을 해보면,
엄마가 전혀 미소를 짓지 않을 경우
아이들은 그 전에 잘하던 새로운 탐색을 하지 않고
장난감에도 흥미를 보이지 않는 것을 알 수 있습니다.
미소는 우리가 마음을 열고 외부세계로 나갈 수 있도록
불을 밝혀주는 신호등입니다.

그런데 한 가지 재미난 사실이 있습니다.
제가 지금까지 언급한 미소는 모두
눈 주위의 근육이 움직이는 미소입니다.
입꼬리만 양옆으로 올리는 미소로는
긍정적인 변화가 일어나지 않는다고 합니다.

요즘 여성들에게 눈가 주름은 공공의 적이 되었습니다.
주름을 없애주는 주사를 맞기도 하죠.
그런데 어쩌면 이 주사가 주름만 없애는 것이 아니라,
미소도 없애고 결국 미소를 지을 좋은 상황까지
다 없애지 않을까 걱정이 됩니다.

2

인생이
따뜻해지는
행복의 기술

| 열여덟 번째 만남

오늘 집을 나올 때
어떤 말을 하셨나요?

오늘 아침에 집에서 나올 때 어떤 말을 하셨나요?
그냥 의례적인 말이었을 수도 있고 사랑을 담은 말이었을 수도 있고,
아니면 화가 나서 내뱉은 말이었을 수도 있겠지요.
얼마 전 저는 제2차 세계대전 당시 있었던 한 이야기를 들으며
우리가 나누는 말에 대해 다시 한 번 생각해보게 되었습니다.

아우슈비츠 수용소에 어린 남매가 들어가게 되었습니다.
부모님은 돌아가셨습니다.
동생이 기차에서 신발을 잃어버렸지요.
누나는 동생을 꾸짖었습니다.
"이 바보야, 자기 물건 하나 못 챙기고. 너 도대체 왜 이러는 거야?"
기차가 도착하고 둘은 헤어졌습니다.

그리고 그것이 영원한 이별이 되었습니다.
동생은 수용소에서 죽음을 맞이했고,
누나는 운이 좋아 살아서 나올 수 있었습니다.
동생을 보내고 살아 나온 누나는 다짐을 하였습니다.
"내가 남길 마지막 말이 되기에 부족한 말은 앞으로 절대 하지 않으리라."

얼마나 후회를 많이 했을까요?
동생이 죽기 전에 떠올릴 자신의 모습이
바보라고 비난하는 모습이라고 생각하면
정말 과거로 돌아가 그 순간을 바꾸고 싶었을 것입니다.

어떻습니까? 오늘 집을 나오기 전
사랑하는 가족에게 남긴 마지막 말은 어떤 말이었나요?
이대로 영원히 헤어지더라도 후회하지 않을 말이었나요?
물론 매순간을 따뜻하고 부드러운 말로 채울 수야 없겠지요.
때로는 거절도 필요하고, 따끔한 한마디도 필요하니까요.
다만 가까운 사람을 대할 때, 우리가 하는 말이 가깝다고
더 함부로 하는 것은 아닌지
돌아볼 필요는 있습니다.

원래 가장 상처를 많이 주고받는 관계가 가족관계입니다.

서로 요구하고 기대하는 것도 가장 많고,
부담을 주는 면도 가장 많으니 당연한 일입니다.
기대가 크지 않으면 실망도 크지 않은 법인데
자기 힘만으로 살아내기가 어려울수록,
자신감이 떨어지고 흔들릴수록 우리는 가족에게 더 많이 기대합니다.
그리고 기대가 채워지지 못할 때
내 마음의 괴로움을 가족에게 전달합니다.
상처가 될 말로, 화난 표정으로,
나만 괴로울 수 없으니까 가족들을 괴롭히곤 합니다.
혼자 괴로운 것이 낫다고 하면서도
인간은 본능적으로 남과 함께 괴롭기를 원합니다.
나만 괴로우면 괴로움에 더해 외롭기까지 하니까요.
하지만 비난한다고, 실망했다고 가족을 덜 사랑하는 것은 아닙니다.
그런데 내가 남긴 마지막 말이 비난과 실망의 말이라면
너무 후회스러울 것입니다.
한 번 더 내가 던지는 말을 생각해보는,
그런 하루 보내시길 바랍니다.

| 열아홉 번째 만남

행복을 느끼는 것도
습관입니다

"서글픈 과거를 돌아보니 노숙자 시절이 떠오릅니다.
다행히 그 수렁에서 나와 지금은 최선을 다하고 있습니다.
새벽에는 우유를 배달하고, 낮에는 작은 공장에서 일하죠.
여기서 밀리면 또 노숙자가 된다는 위기감에 잠시도 쉬지 않습니다.
그런데 개미처럼 부지런히 살다가도
때로는 어떻게 사는 것이 제대로 사는 건가 회의가 듭니다.
지금은 흡사 낭떠러지에 서서 최후의 몸부림을 치는 기분이에요."

제게 상담을 한 어느 분의 이야기입니다.
깊은 수렁에서 빠져나온 이 분의 용기와 삶에 대한 의지에
마음으로부터 우러나온 박수를 쳐드리고 싶습니다.
이 분처럼 극단적인 상황은 아니더라도

우리 대부분은 하루를 힘겹게 살아가고 있습니다.
이렇게 사는 게 제대로 사는 건가, 하는 회의에 빠지곤 합니다.
어떻게 사는 게 제대로 행복하게 사는 것일까요?

행복은 미뤄두면 나중에 저절로 떨어지는
감이나 밤과 같은 열매가 아닙니다.
행복을 연구한 학자들은 행복이
내 몸에 배어야 할 습관이라고 합니다.
그리고 행복한 사람은 삶에서 만나는 작은 것들을 소중히 여기며
더 많이 즐기는 습관을 가진 사람이라고 합니다.
시간과 경제적 여유가 주어진다고 해도
행복을 느끼는 습관이 없다면 행복해지지 않는다는 거죠.
지금이 낭떠러지 앞만 같고 여유가 없다 해도
그럴수록 바위 틈새마다 작은 행복을 끼워넣어야 합니다.
억지로 버티다보면 힘이 빠져 손을 놓게 되고
그렇게 손을 놓으면 추락하게 됩니다.
힘들수록 행복을 절실하게 찾아야 합니다.
그렇게 살아야 더 오래 버틸 수 있습니다.
길을 걷다 가을색으로 곱게 물든 나무를 보면
잠시 멈춰 서서 바라볼 수 있어야 합니다.
아이가 웃고 장난치면 눈길을 주며 같이 장난칠 수 있어야 합니다.
불현듯 가까웠던 친구가 생각나면

뜬금없어 보이지만 문자 한 통을 보내 마음을 표현해야 합니다.
이렇게 작은 행복이 반짝이는 순간을 소중히 여겨야 합니다.
우리는 그런 순간을 너무 아무렇지 않게 보내버립니다.

시간이란 상대적입니다.
짧은 순간이지만 영원히 기억으로 남는 시간도 있고
몇 달이나 몇 주도 어떤 일이 있었는지
하나도 떠오르지 않을 수도 있습니다.
내게 주어진 짧은 행복의 순간을 길게 사는 겁니다.
그 시간에 주목하고 머무르며 충분히 느껴보세요.
하루 한 번이라도 그런 시간을 만들 때
삶의 색깔은 달라질 겁니다. ✿

| 스무 번째 만남

행복을 위해선
가슴 뛰는 일이 필요할까요?

'가슴 뛰는 일에 몸을 던져라'라는 말을 흔히 듣습니다.
오프라 윈프리는 사랑하는 일을 하면 돈은 자연히 따라온다며
열정을 추구하라고 격려했죠.
또 육아 서적들은 모든 아이는 자기만의 재능을 갖고 있다며
그 재능을 발굴해 아이가 즐겁게 할 수 있는 일을 찾아주라고 합니다.
그런데 정말 누구에게나 자기만의 재능이 있는 걸까요?
또 가슴 뛰는 일을 찾아야 행복을 누릴 수 있는 걸까요?

인류 역사를 보면 자기가 좋아하는 일을 하면서
살다 간 사람은 얼마 없습니다.
오히려 살아남기 위해 일을 한 것이
지구별에서 살다 간 인생들의 일반적인 모습이겠죠.

직업이란 본질적으로 자기가 좋아하는 일이 아니라
남에게 필요한 일이어야 합니다.
그래야 남이 내 직업에 돈을 지불하고
나는 그 돈을 통해 생계를 유지할 수 있습니다.
현대 사회에선 다른 사람을 위한 일의 종류가 과거보다 다양해졌죠.
그럼에도 자신이 좋아하는 일이
사회적으론 별 쓸모가 없는 경우도 많습니다.
또는 쓸모가 있더라도 경쟁에서 밀려
그 일을 할 수 없을 때도 있습니다.

꿈과 열정을 강조하면서
아이들에게 이야기하는 직업은 무척 화려합니다.
영화감독, 야구선수, 로봇 과학자, 펀드매니저.
그 직업으로 살아가는 실제 삶이
과연 화려할지도 의문이지만,
그런 직업들을 모두 합쳐봐야
전체 인구의 5퍼센트도 되지 않습니다.
그리고 95퍼센트에게는 무척 평범한,
대단한 재능은 필요치 않은 그런 일들이 주어집니다.

그렇다고 잘못된 인생일까요?
원대한 꿈이 없다고,

자기 직업에 가슴이 뛰지 않는다고 해서
의미 없는 인생일까요?
그렇지 않고, 또 그렇지 않아야 합니다.
대단한 직업이 아니라도 자기 삶에 만족하고
즐기며 살아갈 수 있는 사회가 되어야 합니다.
또 그런 삶의 철학이 필요합니다.

심리학자 매슬로우는 인간의 욕구가
낮은 단계부터 높은 단계까지 있는데,
낮은 단계인 생리적 욕구, 안전 욕구가 채워지면
소속감과 자존감을 추구하게 되고,
마침내는 자아실현의 욕구를 갖는다고 했습니다.
그가 말한 자아실현의 욕구란
자신의 잠재력을 최대한 발휘하려는 성장의 욕구입니다.

그런데 이것이 어떤 대단한 직업을 가져야 하거나
슈퍼맨이 되라는 의미는 아닙니다.
오히려 그 반대입니다.
자기를 알고 자신이 바라는 삶을 살라는 겁니다.
자기에게 맞는 평범한 행복을 찾고 느끼라는 의미입니다.
당연히 그 행복은 직업이 무엇인지에 의해 좌우되진 않습니다.
가슴 뛰는 직업이 꼭 필요한 것도 아닙니다.

직업은 누군가에겐 자아실현의 방법이지만
또 누군가에겐 삶의 한 방편일 수 있습니다.
그리고 그 삶에서 좀 더 의미 있는 무언가를 추구할 수 있겠죠.
이처럼 직업을 넘어서 자기 인생을 전체적으로 바라볼 수 있을 때
불필요한 좌절감에 휩싸이지 않고
균형 잡힌 눈으로 자아실현과 행복을 바라볼 수 있습니다.

| 스물한 번째 만남

죄수의 딜레마도 해결하는
스킨십의 위력

'죄수의 딜레마'라고 들어보셨나요?
두 명의 범인이 체포되어
서로 다른 방에 격리되어 조사를 받습니다.
서로 간의 의사소통은 불가능하죠.
이들의 자백여부에 따라서 다음과 같은 결과가 주어집니다.

둘 중 하나가 배신해서 죄를 자백하면
자백한 사람은 즉시 풀어주고
나머지 한 명은 10년을 복역해야 합니다.
그리고 둘 모두 서로를 배신해서 죄를 자백하면
두 명 다 5년을 복역합니다.
그런데 만약 두 명 모두 죄를 자백하지 않으면

둘 다 6개월만 복역합니다.
어떤 결과가 나올까요?

범인의 입장에 서서 추리를 해보죠.
먼저 상대가 자백할 경우부터 생각하면
내가 자백을 안 하면 10년을 감옥에서 살아야 합니다.
그런데 자백하면 5년만 살면 되니
최악의 경우는 피할 수 있죠.

다음으로 상대가 자백하지 않을 경우를 생각해보죠.
내가 자백을 안 하면 6개월은 감옥에 있어야 하는데
자백을 할 경우 바로 나올 수 있습니다.
이러니 상대가 어떻게 하든
내 입장에선 자백하는 것이 유리해보입니다.
결국 두 사람 모두 자백하는 것이
유리하다는 결론에 도달하고 둘 다 자백을 합니다.
그 결과 둘 다 5년 동안 감옥에 있게 되었습니다.

신기한 것은 둘 다 자백을 안 하면
고작 6개월만 감옥에 있으면 되는 건데
그런 선택을 하지 못합니다.
상대가 어떻게 행동할지 모르니까요.

이처럼 각자 자기 입장에 최대한 유리하게 선택하다보면
정작 유리한 결과는 가져오지 못합니다.
이 상태를 '내쉬 균형'이라고 하는데
합리적이지만 이기적인 인간의 속성을 잘 보여줍니다.

그런데 캘리포니아 대학교의 로버트 커즈번 교수는
이 연구에 약간의 변형을 주었습니다.
실험 참가자들이 죄수 역할을 하러 가기 전에
연구진이 참가자의 등을 가볍게 두드리면서
믿음을 주고 편안한 느낌을 갖도록 유도했습니다.
그리고 실험을 해보니
길게 복역할 위험성에도 불구하고
자백을 하지 않는 사람이 늘어났습니다.
그저 단순한 신체적 접촉이었음에도
합리적이고 이기적인 판단이 아닌
상대를 함께 고려하는 결정을 하도록 유도한 겁니다.

비슷한 다른 연구도 있습니다.
서명운동을 할 때 가벼운 신체접촉을 하면서
서명을 부탁할 경우엔 81퍼센트가 서명을 해주는데,
신체접촉 없이 서명을 부탁하면 55퍼센트만 서명을 했다고 합니다.

접촉이란 인간의 선의를 불러일으키는
가장 원초적인 방법입니다.
물론 접촉도 접촉 나름이겠죠.
상대가 불쾌해하는 접촉이라면
그건 접촉이 아니라 공격에 불과합니다.

지금 곁에 있는 사람에게 적절한 스킨십,
한번 시도해보세요.

| 스물두 번째 만남

따뜻한 눈으로
타인을 본다는 것

자기를 믿는다는 건 부족한 점을 솔직하게 인정하는 것입니다.
부족하면 부족한 대로 그 모습 그대로 자기를 아끼고,
그 지점에서 출발해 조금씩 발전하려 하는 거죠.

이런 태도는 자기에게뿐 아니라 남을 대할 때도 중요합니다.
많은 사람들이 타인에 대해 지나치게 평가합니다.
남의 부족한 점을 흉보고, 잘못한 행동에 과하게 화를 냅니다.
그도 나도 실수를 할 수 있고, 잘못하는 부분이 있을 텐데,
관용은 사전 속에나 있는 단어인 듯 행동하죠.

남에게 내는 화는 내 마음의 불편함 때문인 경우가 많습니다.
예를 들어 가족이 외출 준비에 시간이 걸리면

만날 늦는다고 화를 내는 경우가 있죠.
화를 내는 것이 지나쳐 즐거운 외출을
완전히 망쳐버리기까지 합니다.
배보다 배꼽이 더 큰 셈이죠.
얼른 외출하고 싶은데 못 가서 초조하고,
나는 준비를 마쳤는데 할 일 없이 기다리는 게 억울해서
마음이 불편했을 겁니다.
그 불편한 마음을 풀어내려 상대에게 화를 내는 겁니다.

상대가 늘 늦는 사람이라면 차라리
어떤 이유가 있으리라 생각해보세요.
아내라면, 여자는 아무래도 준비에 시간이 더 걸리는 법이고,
집안일을 마무리 짓고 떠나야 하니 늦을 수 있죠.
아이들이라면, 아직 시간에 맞춰 계획대로 움직이기엔
나이가 어리기 때문일 것입니다.

이 상황에서 내가 주목할 부분은
그들과 함께 외출을 하고 싶어 하는 사람은
다름 아닌 나란 사실입니다.
또 이왕 외출을 하면 그 시간을 즐겁게 보내야 한다는 것이죠.
우리는 서로에게 즐거움과 보람을 주고받는 가족입니다.
이런 긍정적인 점에 주목할 때

화는 덜 나고, 외출은 더 즐거울 겁니다.
나나 남이나 우린 모두 부족한 점을 가진 인간입니다.
그리고 부족한 대로 괜찮습니다.
상대가 내게 피해를 준다면 그것은 말해야겠죠.
하지만 딱 피해를 받은 만큼만 말하면 됩니다.
상대가 나와 관련이 없는 사람이라면
앞으로 안 보면 그만입니다.
내 불편한 마음을 상대에게 다 쏟아부을 필요는 없습니다.
그렇게 분노가 전해지고 또 전해지면
분노는 점차 커져 언젠가 내게
폭포수처럼 쏟아질지도 모릅니다.

'나도 부족하고, 남도 부족하다.
하지만 나도 괜찮고 남도 괜찮다'는 마음은
우리를 너그럽고 따뜻하게 합니다.
그리고 그 따뜻함의 가장 큰 수혜자는 분명 나 자신입니다.

| 스물세 번째 만남

사람은 함께 살아야
오래 살 수 있습니다

건강을 위해서 가장 도움이 되는 것으로
운동과 금연을 이야기합니다.
그런데 그만큼 중요한 한 가지가 더 있다면
바로 사람들과의 교류입니다.
어떤 분들은 '사람들 만나봐야 술이나 더 마시고, 스트레스나 받는데
그게 무슨 건강에 도움이 되겠냐'고 하십니다.
하지만 사회적 동물인 인간에게 다른 사람과의 만남은
즐거움뿐만 아니라 생존을 위해서도 무척 중요합니다.

1960년대 미국의 과학자들은 샌프란시스코 인근의
앨러미다 카운티의 주민들을 대상으로
라이프스타일과 건강의 관련성을 조사하기 위한

장기연구를 시작했습니다.
흡연, 음주, 운동, 식사 등의 생활 습관과 사회적 활동을 조사한 뒤
이런 것들이 건강에 어떤 영향을 미치는지
장기간에 걸쳐 살펴보는 연구였죠.

연구에서는 많은 자료가 나왔는데
UCLA대학교의 테레사 시먼과 동료들은
그중 사회적 관계와 건강과의 연관성에 대해 분석했습니다.
그는 결혼 여부, 친척과 친구는 몇 명인지, 얼마나 자주 만나는지,
사교모임에 얼마나 참여하는지를 수치화해서
'사회관계망지수'를 만들었습니다.
사회적 관계가 얼마나 활발한지를 수치로 나타낸 거죠.

그 결과 사회관계망지수가 높을수록,
다시 말해 사회적 관계가 활발할수록
사망률은 낮았습니다.
학력이나 경제수준, 흡연이나 운동량 등
다른 모든 면이 비슷한 경우에도
사망률은 두 배나 차이가 났습니다.

혼자 사는 것이 속 편하다고 하지만
연구의 결과로 보자면 그렇지만도 않은 겁니다.

사람들을 자주 만나는 사람들이 우울증에도 덜 걸리고,
자존감도 높게 유지할 수 있었으며,
건강을 위한 행동도 더 많이 했습니다.
만남이란 즐거울 때도, 귀찮을 때도 있지만
우리 모두는 만남을 통해 자신의 존재를 확인합니다.
새로운 자극을 받고, 유대감 속에 불안을 털어낼 수 있습니다.

명절이면 친척들도 만나고,
못 보던 고향 친구들도 만나게 됩니다.
가끔 보는 관계라 그리 편하지 않을 때도 많죠.
하지만 그렇게 피하면 피할수록
사람들을 만나는 것은 더 어색해집니다.
그러다보면 점차 모든 관계가 끊어집니다.

그러나 우린 모두 외로움 속에서 서로가 필요한 약한 존재입니다.
더 많이 만나야만 건강도, 생명도 지킬 수 있는,
그런 약한 존재, 그것이 바로 우리 인간입니다.

| 스물네 번째 만남

행복에는 리듬과
악센트가 필요합니다

티베트의 불교 지도자인 달라이 라마가 이런 말을 했습니다.
"행복해지고 싶다면 자비심을 품어라."
다른 사람을 돕는다는 건 바람직한 일입니다.
하지만 좋은 일을 한다고 반드시 행복할까요?

캘리포니아 주립대의 류보머스키 교수가 이런 실험을 했습니다.
그는 실험 참가자들에게 6주 동안
다섯 개의 친절한 행동을 하도록 했습니다.
그 친절한 행동은 사소한 것일 수도 있고 거창한 행동일 수도 있고,
상대가 알아줄 수도 있고 모를 수도 있는 것이었습니다.
친구에게 아이스크림을 사주는 것부터 양로원을 방문하는 것까지,
사람들은 다양한 실천을 하고

매주 자신이 한 일에 대한 보고서를 제출했습니다.
결과는 예상한 대로였습니다.
친절한 행동을 하면 할수록 더 많은 행복감을 느낄 수 있었죠.

그런데 이 실험에는 재미난 부분이 있었습니다.
류보머스키 교수는 참가자들을 두 집단으로 나눴습니다.
한 집단에게는 친절한 행동을 일주일 중 아무 때나 하도록 했고,
다른 집단에게는 일주일 중 하루에 몰아서
다섯 개의 친절한 행동을 하도록 했습니다.

두 집단을 비교한 결과는 어땠을까요?
놀랍게도 하루에 몰아서 친절한 행동을 한 집단에서
행복감이 훨씬 많이 늘어났습니다.
예상외로 매일 조금씩 친절한 행동을 한 사람들에게는
행복감이 그다지 늘어나지 않았습니다.
왜 이런 결과가 나타났을까요?

사실 우리는 일상에서 작은 친절을 자주 베풀고 있습니다.
그러다보니 하루에 한 번씩 친절을 베푸는 것은
그냥 우리의 보통 일상과 비슷합니다.
하지만 하루에 몰아서 다섯 개의 친절한 행동을 하는 것은
분명 특별한 경험입니다.

친절한 행동도 특별한 경험일 경우에만 행복을 늘려준다는 겁니다.

류보머스키 교수는 친절과 행복에 대해
또 하나의 실험을 했습니다.
한 집단은 다양한 친절 행위 중
스스로 정한 세 가지를 매주 자유롭게 바꿔가며 4주간 하도록 하고,
다른 집단은 똑같은 친절 행위를 반복해서 4주간 하도록 했습니다.
친절도 지루하면 별로 도움이 안 되는지
똑같은 친절을 4주간 연속으로 한 집단은
행복감의 증진효과가 점차 줄어들었습니다.
반면 매주 다양한 친절 행위를 골라서 한 집단은
행복감이 꾸준히 높게 유지되었습니다.

사람이란 참 묘한 존재입니다.
반복되고 지루한 것, 일상적인 것엔
별다른 즐거움을 얻지 못합니다. 물론 친절이 자기만 좋으려고,
자기만의 행복을 위해서 하는 일은 아닐 겁니다.
하지만 친절도 리듬과 악센트를 갖고 할 때
우리에게 더 도움이 되는 것만은 분명합니다. ✽

| 스물다섯 번째 만남

행복한 삶은
작은 활력소를 모아가는 것

인생이란 멀리서 보면 파란만장하고 별일이 다 일어나는 듯싶지만
가까이에서 보면 지루함의 연속입니다.
우리에게 주어진 대부분의 시간은 필요한 일을 하느라 채워집니다.
비록 처음엔 내가 선택한 일이었지만
시간이 가면 그저 성실하게 해내야 한다는
의무감만이 나를 지배합니다.

그런데 인간은 지루함을 오래 견디지 못합니다.
지루함은 내 존재가 무의미하다는 느낌을 주기 때문이죠.
삶에서 새로운 자극이나 다른 사람들의 반응은
없어도 그만인 것이 아닙니다. 지루함을 덜어주어
내 삶을 사랑할 수 있도록 돕는 꼭 필요한 요소지요.

오랜 시간 지루함이 계속되고
그 결과 내 삶이 온통 의무감으로만 채워진다고 느끼게 되면
우리 내면엔 나다운 것, 내가 결정한 것을
하고 싶은 욕구가 스멀스멀 올라옵니다.
삶에 활기를 주어 삶을 지켜가려는 본능적인 반응입니다.

그래서 택하는 방법은 두 가지 중 하나입니다.
첫 번째는 새로운 일을 벌이는 것입니다.
새로운 일을 벌이면 분명
새로운 기분과 큰 활력을 느낄 수 있습니다.
그러나 들어가는 에너지가 만만치 않아 부담도 크죠.

나머지 방법은 보다 부담이 적은 방법입니다.
자신만의 즐거운 의식을 만들어서 반복적으로 실천하는 것이죠.
예를 들어, 저는 일요일 아침에는 녹차를 내려
아이들과 나눠 마시는 시간을 갖습니다.
좋은 녹차를 준비해서 정성껏 우리고
그 맛을 음미하며 이런저런 잡담을 나누죠.
이렇게 지난 한 주를 정리하고 가족과 함께 휴일을 시작합니다.

반복적인 의식은 계속 새로운 일을 벌이는 것에 비해
크게 부담스럽지 않습니다.

안정감 속에서 작은 즐거움을 선사하죠.
어떤 분은 일주일에 한 번 친구들과 등산을 가기도 하고,
보너스를 타면 꼭 아내와 함께 좋은 레스토랑을 찾는다는 분도 있습니다.
제 주변에는 10년도 넘게 월급날엔 꽃과 아이스크림을 사서
집에 들어간다는 친구도 있습니다.

**자신의 일상에서 이와 같이 사소하지만,
즐거운 의식을 많이 만들 때
우리는 살아 있다는 느낌을 얻게 됩니다.**
그 느낌은 우리에게 편안한 행복을 전해줍니다.
물론 이처럼 애써 만든 의식도 다시 지루해질 수 있습니다.
그 순간을 즐기려는 마음이 사라지고
더 이상 의미를 부여하지 않는 순간,
마치 온갖 기념일들이 그렇듯 습관이나 의무가 되고 맙니다.

우리에게 필요한 것은 작은 일에 의미를 더하고
더 많은 것을 느끼고자 하는 태도입니다.
어쩌면 삶에서 가장 행복한 순간이란
이처럼 작은 행복을 모아서 자기만의 진열장에 전시하고,
스스로 의미를 음미하며 즐길 때가 아닐까 싶습니다. ✿

| 스물여섯 번째 만남

비관을 이겨내는
특효약은 작은 성공

경쟁은 잔인하지만 우리 삶에서 떼어놓을 수 없는 한 부분입니다.
특히 경쟁이 치열할수록
패배했을 때 느끼는 좌절감은 만만치 않습니다.
패배로 인한 좌절감에 시달리는 분들에게 위로를 건네지만
그분들은 어떤 위로도 도움이 되지 않는다며
막막하고 허탈하기만 하다고 이야기합니다. 충분히 이해가 갑니다.
특히 많은 경우 경쟁에서의 패배는 패배로만 끝나는 것이 아니라
두고두고 현실적인 어려움을 겪는 결과로 나타나기에
패배를 받아들이는 것은 결코 쉽지 않습니다.

이럴 때 섣부른 위로는 상대를 깊이
이해하고 받아들이는 태도가 아닙니다.

오히려 상대의 슬픔이 보기 불편해
멈추기를 기대하는 마음일 수 있습니다.
어쩌면 지금은 위로 이전에 이해하려는 마음이
필요한 시기일지도 모릅니다.
이해를 받았기에 마음이 누그러진 상대가 손을 내밀 때
그때 그의 손을 잡아주는 것이 좋습니다.

어려움을 잘 극복하는 가족이나 공동체를 관찰하면
공통점이 있습니다.
어려움의 시기에 더 똘똘 뭉치죠.
서로 더 따뜻하게 옆에 머물러보세요.
힘들수록 힘든 분들끼리
더 바짝 붙어 있으려 노력해보시기 바랍니다.

힘든 상황을 겪는 분들에게
꼭 드리고 싶은 말이 하나 있습니다.
"실망은 당연하지만 비관은 곤란합니다."

어떤 결과에 몹시 실망하였다면
사람은 보통 다음과 같은 단계를 밟게 됩니다.
우선 자신에게 실망합니다. 자기의 부족함을 탓하는 거죠.
다음으로 그런 실망을 일반화합니다.

'역시 난 안 되는 거야. 제대로 잘 풀린 적이 한 번도 없어.'
마지막으로 영구화합니다.
'앞으로도 난 영원히 안 될 거야.'
이쯤 되면 실망이 아니라 비관이고,
이렇게 비관에 빠지면
실패를 극복할 에너지를 얻기 어렵습니다.

그건 진실이 아닙니다.
선글라스를 쓰면 세상이 어두워보이듯
실망한 눈으로 나와 세상을 바라보니 상황이 어려워 보이고,
어려운 상황이 영원히 갈 듯 느낄 뿐입니다.

그럴 때는 무엇보다 작은 성공을 이루려
노력해보는 게 좋습니다.
이루기가 어렵지 않은 자신만의 목표를 세워보세요.
그리고 노력을 통해 빠르게 성취하는 겁니다.
그런 다음에 또 추가 계획을 세우고 노력해보세요.
계단을 오르듯 조금씩 자기를 발전시켜가는 겁니다.
아무것도 아닌 목표라도 성공하면
우리의 자신감은 조금 더 나아집니다.
아울러 일상이 회복되어 삶이 건강해지죠.

성공을 예측하는 가장 높은 예측인자를 조사해보면
이전의 성공 경험이라고 합니다.
이긴 사람이 또 이길 수 있는 겁니다.
작은 성공을 모아가며 자신감을 키워가세요.
스스로에 대한 불신에서 헤어나와
비로소 미래를 바라볼 수 있을 겁니다.

| 스물일곱 번째 만남

미래를 위해
현재를 희생해야 한다는 강박

헤라클레스라는 이름은 다들 들어보셨을 겁니다.
그는 신과 인간 사이에서 태어난 엄청난 힘의 소유자였습니다.
하지만 신의 땅인 올림푸스로 올라가기 위해선
열두 가지 과제를 수행해야 했고, 결국 누구보다 힘든 생애를 보내야
했죠.

심리학자인 타이비 칼러는 헤라클레스 이야기가
인간의 중요한 심리적 태도를 보여준다고 했습니다.
사람들은 흔히 뭔가를 이룬 다음에
자신이 원하는 것을 하겠다고 말을 합니다.
'일단 집을 장만한 뒤에, 대학은 들어간 뒤에, 아이들이 좀 큰 뒤에.'
지금 당장 내가 하고 싶은 일을 추구하는 것은 욕심이고

내가 하고 싶은 일은 현재의 어려운 상황을 이겨낸 뒤에,
그때서야 할 수 있을 것이라고 생각합니다.
그렇게 끊임없이 자신의 현재를 희생하고,
하고 싶은 일을 미래로 미루며 살아가죠.

헤라클레스 역시 자신에게 주어진 과제들을
추호도 의심하지 않았습니다.
해내야 한다고만 생각했죠.
알고 보면 그것은 모두 헤라 여신의 속임수였는데
지혜롭고 용감한 헤라클레스도 그것만은 알지 못했습니다.

우리 역시 내가 원하는 것을 하기 위해선
우리에게 주어진 일들을 먼저 완수해야 한다고 생각합니다.
정말 꼭 그래야만 하는지는 묻지 않습니다.
스스로 정한 조건에 불과한데도 철석같이 지켜야 한다 생각하고
마음속 깊이 원하는 일을 그냥 뒤로 미뤄버립니다.
그런데 한 가지 조건이 해결되어도 또 다른 조건을 내세우며
자아실현을 뒤로 계속 미루죠.

꼭 하고 싶은 일이 있지만 아이가 초등학생이 될 때까지는
손이 갈 일이 많으니까 일단 미루고,
막상 아이가 초등학교에 가면 학원비 등 부담되는 일이 많으니

아이가 대학에 갈 때까지 미루고, 또 아이가 대학에 가면
그래도 전셋집은 얻어줘야지, 하는 마음에 또 미루고,
그렇게 미루며 늙어갑니다.
누구도 강요하지 않았는데 스스로 희생양이 되지요.

물론 인생에서 계획은 필요합니다.
무엇이 더 중요하냐에 따라 어떤 일은 미룰 수도 있죠.
하지만 계획에는 미루는 것만 있진 않습니다.
젊은 시절에 못 다한 공부를 더 하고 싶었다면
무작정 미루지 말고 지금 당장 시작하면 됩니다.
다만 처지와 형편에 맞게 시작해야겠죠.
마냥 뒤로 미루는 것보다 작게라도 지금 당장 시작하는 게
공부하려는 꿈을 이룰 가능성은 훨씬 높을 겁니다.
세계일주가 꿈이었다면
지금부터 한 달에 몇 만원씩이라도 따로 모으고
꾸준히 정보를 수집할 때 꿈을 이룰 가능성이 높을 겁니다.

나 스스로 세운 계획이라면 변화가 가능합니다.
상황이 변하거나 어쩌다 좋은 기회가 오면
미루었던 일을 앞당길 수도 있습니다.
하지만 현재를 희생해야 한다는 강박에 사로잡힌 분들은
미뤄둔 것을 앞당기지 못합니다.

죽음에 이를 때까지 자기에게 주어진 과제를 풀려 애썼던
헤라클레스처럼 자신에게 주어진 과제를 해내는 데만 매달리죠.

내가 하고 싶은 일,
하지만 뒤로 미루고 있는 일이 있으신지요?
그렇다면 그것을 지금 당장, 현재의 조건에 맞게
실천하는 방법은 과연 없을까요?
그에 대해 차분히 한번 생각해보는 하루 보내시길 바랍니다. ❀

| 스물여덟 번째 만남

낙관주의는
정신승리가 아닙니다

우리는 하루에도 많은 고민거리를 만납니다.
학교에서는 답이 있는 시험 문제를 풀었지만
직장에서 내게 주어진 일은 답이 없습니다.
몸을 쓰는 일이라면 어떻게 해보겠는데
다른 사람을 설득하는 것은 더 어렵습니다.

내 뜻대로 움직이지 않는 사람들.
그렇다고 화를 낼 수도 없고.
앉아서 여러 가지 구상을 해봅니다.
그러다 아이디어가 떠오르죠.
이렇게 해보면 괜찮지 않을까?
그러면 이제 마음속으론 문제가 다 해결된 듯싶습니다.

그런데 아뿔싸, 계획과 달리 상대가 움직이질 않는 겁니다.
바로 그 순간 내 마음의 바닥이 드러납니다.
'애써 고민까지 해서 계획을 세웠는데 저게 날 좌절시키다니.'
상대는 그저 내 말을 따르지 않았을 뿐인데
나는 상대가 나를 모욕했다고 생각합니다.
위기가 닥치면 이처럼 마음의 밑천이 드러납니다.

나와 상대는 입장이 다를 수밖에 없으니
내 뜻대로 풀리지 않는 것은 어찌 보면 자연스러운 일입니다.
그런데도 모욕감을 느껴 화를 내고
상대에게 책임을 돌립니다.
새로운 대안을 찾아야 하는 순간,
좌절하고 화를 내는 데 에너지를 다 써버립니다.
어쩌면 바로 지금이, 뜻대로 풀리지 않은 이 순간이
집중해야 하는 결정적 순간인데 말입니다.

이렇게 우리 모두는 무척 약합니다. 좌절에 쉽게 무너지죠.
좌절하지 않고 버티기 위해선 단단한 낙관주의가 필요합니다.
상대가 따라주지 않아 계획이 실패하더라도,
'이번에는 이런 방법을 써보자, 아직까지 몇 가지 방법이 더 있어.
포기하지 말고 끝까지 해보는 거야.'
하며 버티는 마음이 필요합니다.

낙관주의는 그저 '정신승리'가 아닙니다.
가능성도 없는 일을 나 혼자만이 '잘 될 거야.' 하며
버티는 마음이 아닙니다.
지더라도, 다시 한 번 도전하려는 태도입니다.
결국 해낼 수 있다는 자신에 대한 믿음입니다.
그래야 이 험한 세상에서 자기의 존엄성을 지킬 수 있으니까요.

게다가 낙관주의는 위기상황에서
이성이 작동할 수 있는 토대입니다.
실패에 좌절하고, 감정에 휩싸이면 이성도 작동하지 않습니다.
하지만 이성이 있어야 우리는 계속해서 도전하면서,
그 속에서 교훈을 얻어서 다시 나아갈 수 있습니다.

최종 성적이 좋든 나쁘든 자기를 믿고 도전하는 사람이 결국은 행복합니다.
포기하는 순간 우리에게 열리는 문은 불행입니다.
그러나 실패를 즐길 수 있는 사람이라면,
미래가 자신에게 있기에,
어느 문을 열어도 행복할 수 있습니다.

| 스물아홉 번째 만남

이 시대에 겸손은
인격이 아니라 스타일

겸손이란 우리 사회에서 존중하는 가치 중 하나입니다.
'벼는 익을수록 머리를 숙인다'는 속담은
누구나 한번쯤 들어보았을 것이고,
'그 친구 조금 잘나가더니 건방져졌어.' 하는 말은
직장 내 뒷담화에서 쉽게 들을 수 있는 이야기입니다.

'겸손'을 사전에서 찾아보면
남을 존중하고 자신을 낮추는 태도입니다.
다른 사람의 의견에 귀를 기울이고
자신의 의견을 내세우지 않는 것이죠.
그렇다고 남이 시키는 대로
군소리 없이 따라하는 것이 겸손은 아닙니다.

자신의 생각이 있더라도 그것에만 집착하지 않고
남의 의견을 충분히 듣고 상대의 기분을 고려해서
행동하는 것이 겸손한 태도일 것입니다.

그런데 이러한 태도를 현실에서 지키기란
여간 어렵지 않습니다. 바쁘게 돌아가는 세상에서
남의 의견을 충분히 듣고 배려한다는 것은 말처럼 쉽지 않고
다들 자기가 너무나 소중한 세상인 터라
자기 주장을 분명히 밝히지 않으면 무시받기 쉬우니까요.

그래서 어떤 사람들은 요즘은 겸손이
성숙한 인격의 발현이라기보다는
일종의 스타일에 불과하다고 이야기합니다.
내면의 성숙이 바탕이 되지 않은 사람들이
자신의 이미지를 더욱 긍정적으로 만들기 위해
겸손한 스타일을 채택한다는 것이죠.

그렇다고 겸손이 늘 도움이 되는 건 아닙니다.
겸손이 가장 빛나는 순간은
사람들이 자신을 긍정적으로 생각하고 있을 때입니다.
자신이 부정적인 이미지로 알려져 있다면
겸손하게 자기를 표현해봐야 그냥 액면 그대로 받아들여져

오히려 나쁜 이미지만 굳어질 수 있습니다.

반대로 사람들이 이미 내 장점을 잘 알고 있거나,
곧 알게 될 상황이라면 겸손은 큰 효과를 발휘합니다.
가진 것이 많은 사람이 자화자찬까지 하면
대부분의 사람들은 부담을 느끼는데,
이럴 때 한 수 접어주어 상대의 시기심을 자극하지 않는 것이죠.
그래야 상대가 편하게 내 장점을 인정합니다.

그렇지만 가끔은 겸손이 엉뚱한 결과를 낳기도 합니다.
예를 들어 상대가 칭찬을 할 때 겸손하게
'별것 아니에요'라고 답하면 오히려 상대는
'내 말을 무시하나?' '내가 별로 중요하지 않은 존재인가?' 하고
생각해 마음이 상할 수 있습니다.
심지어 '이 정도가 별것 아니라면 얼마나 잘났다는 거야!' 하며
잘난 체한다고 오해할 수도 있습니다.

그러니 지나친 겸손은 피하십시오.
상대가 칭찬을 하면 고맙게 받아들이는 편이 낫습니다.
애써 잘났다고 과시하진 않더라도
칭찬에 기분 좋아하는 것은 지극히 인간적인 모습입니다.

스타일도 과하면 독이 됩니다.
좋은 옷은 자연스럽게 내 몸에 맞게 흘러야 하듯
좋은 태도도 내 인격의 수준에 자연스럽게 맞아야 합니다.
그리고 그런 스타일을 오랫동안 지켜간다면
그것이 진정한 인격적 성숙을 이뤄가는 방법일 것입니다. ✽

| 서른 번째 만남

어떻게 하면 위로를
잘할 수 있을까요?

어떻게 하면 위로를 잘할 수 있느냐는 질문을 종종 받습니다.
아무래도 정신과 의사니까
마음을 녹이는 위로의 말을 알고 있으리라 생각해서겠죠.
하지만 위로는 말로 하는 것이 아닙니다.
시간으로 하는 것입니다.
상대가 속마음을 다 털어놓을 수 있도록
긴 호흡을 갖고 기다려주는 것이 위로의 시작입니다.

요즘은 다들 바쁜 세상입니다.
그래서 위로도 빨리 하고,
어서 '힐링'해서 새롭게 출발해야 할 것처럼 생각합니다.
그러나 세상이 바빠졌다고 해도

상처받은 마음이 아무는 데 걸리는 시간이
줄어들진 않았습니다.
오히려 상처를 제대로 치유할 여유가 없기에
더 오랜 시간 상처를 갖고 살아가는 것이 요즘의 모습입니다.

**다른 사람을 위로할 땐
내 마음이 조급해서는 어렵습니다.**
그러면 상대가 말할 때까지 기다리지 못하고
상대에게 말하라고 재촉하게 됩니다.

어떤 말이든 마음속에서 준비하고 나온 말과
준비 없이 쏟아진 말은 큰 차이가 납니다.
충분히 마음에서 무르익어서 말이 나오면
그 말과 함께 내 가슴속 묵은 감정도 흘러나갑니다.
그때 우리 마음은 시원해지죠.
하지만 무르익지 않은 채로 말을 하면
말을 뱉은 순간 내 감정은 오히려 자극을 받습니다.
수치스럽고, 화가 나고 더 슬퍼집니다.
그러므로 상대를 위로하기 위해선 상대의 마음속에서
말이 무르익어 나올 때까지
더 많이 기다려주는 것이 필요합니다.

상대가 괴로워하는 모습을 보기 어려워서
얼른 위로의 말을 건네는 경우도 있습니다.
상대와 함께 자기도 흔들릴까봐 염려하는 것이죠.
하지만 그렇게 안정적이지 않은 마음 상태라면
아픈 상대를 위로하기에 적당하지 않습니다.
스스로의 마음부터 먼저 돌보는 편이 낫습니다.
물론 내 조급함보다는 괴로워하는 상대가 안쓰러워서
얼른 위로하고 싶을 때도 있습니다.
그러나 꼭 기억해야 하는 건 내가 얼른 위로한다고
상대가 빨리 위로를 받는 건 아니라는 사실입니다.

위로는 상대에게 내 시간을 선물하는 것입니다.

상대에게 아무 말 하지 못하더라도,
함께 충분히 옆에 머물며, 당신이 내게 중요하다는 것을
시간을 통해 증명하는 것이 위로입니다.
어떤 보상이 없더라도, 당장 기분이 풀리지 않는다 해도
당신을 위해서라면 내 시간을 기꺼이 쓰겠다는 마음이
상대를 위로해줍니다.
모든 것이 계산으로 이루어지는 시대이기에
이처럼 계산 없이 주는 마음에 위로를 받습니다.
그리고 그런 위로이기에 시간을 이기고
오래 남을 수 있는 겁니다. ❀

| 서른한 번째 만남

어떻게 쉬어야
공부를 잘할 수 있을까요?

요즘은 잠깐 쉬는 동안에도
스마트폰을 들고 무언가를 보는 분들이 많습니다.
미시간 대학교의 마크 베르만 교수는
사람들이 학습을 하는 데 있어서
어떤 종류의 휴식이 도움이 되는지 연구하였습니다.

그는 사람들에게, 한 번은 대학 인근의 숲 속을 산책하게 하고
다른 한 번은 도심을 산책하게 하였습니다.
각각 50분간의 산책이 끝난 뒤에
주의력과 학습능력을 평가를 해봤는데
상당한 차이가 발견되었습니다.

자연 속을 산책한 사람들의 주의력이 보다 좋았고
학습도 좀 더 잘할 수 있었습니다.
자연과 도심은 사람들이 접하는 정보의 양에 차이가 있습니다.
도심은 자연에 비해 훨씬 많은 정보를 처리하도록 합니다.
비록 산책이지만 도심에서 접하는 여러 정보들은
우리의 뇌를 피곤하게 만들고,
그 결과 뇌는 지치고 효율성은 떨어지게 되죠.

휴식시간에 즐기는 여러 가지 활동들도
지나치게 자극적이면 휴식이 아니라 피로를 유발할 수 있습니다.
그럼에도 우리는 쉬는 시간 동안 수많은 정보와 함께 보냅니다.
쉬는 시간의 뇌가 더 바쁜 경우도 많습니다.
짧은 시간을 효율적으로 즐기려고 몇 가지 일을 동시에 하기도 하죠.
친구와 문자를 주고받으며 인터넷에서 뉴스를 읽고,
귀로는 음악을 듣습니다.
이때 즐거움은 최대가 될지 모르지만
두뇌는 쉬지 못합니다.

캘리포니아 대학교의 로렌 프랭크는
쥐를 통한 실험으로 학습에 있어서 휴식의 중요성을 밝혀냈습니다.
그는 쥐에게 낯선 미로를 탐색하도록 하며 뇌파를 기록하였습니다.
새로운 경험을 할 경우,

쥐 뇌의 해마 부위에 새로운 뇌파가 나타나는데
이는 장기기억, 즉 학습을 의미합니다.
그런데 놀랍게도 새로운 뇌파는
오직 미로를 탐색한 후에 휴식을 갖는 쥐에게만 나타났습니다.
탐색 후 휴식을 취하지 않은 쥐에게는
학습 뇌파가 나오지 않았습니다.
결국 기억을 하지 못하니 나중에 써먹지 못하게 된 것이죠.
이렇게 보면 쉬는 것도 공부입니다.
우리의 뇌는 휴식 없이도 활동을 할 수는 있지만,
휴식 없이 일만 할 때는 깊이 있는 작업은 어렵습니다.

그럼에도 우리는 아이들에게
아주 짧은 휴식만 주면서 장시간 공부를 시킵니다.
아이들은 장시간 공부로 인한 지겨움을 이기려고
짧은 휴식 시간에 스마트폰과 컴퓨터를 가지고 노는데
이건 쉬는 게 아니라 뇌를 혹사시키는 겁니다.
어른들도 마찬가지입니다.
잠시 멈추는 시간은
그저 쓸모없는 시간이라고 생각합니다.
하지만 멈춤이 없는 시간이야말로
그저 흘려보내는 의미 없는 시간이 되고 말 것입니다.
우리의 뇌는 즐거움만큼이나 휴식이 필요합니다. ✿

| 서른두 번째 만남

의견이 대립할 때가
가장 중요한 순간

살다 보면 누군가와 의견이 대립하는 순간이 꼭 있기 마련입니다.
그런 순간은 결코 즐거운 순간은 아니죠.
하지만 그 순간이 왔을 때 도망가거나 회피해선 안 됩니다.
오히려 더 집중할 필요가 있습니다.
왜냐하면 그 순간이 상대와의 관계의 질을 결정하니까요.
그 순간을 어떻게 넘기느냐에 따라 서로를 포기할 수도 있고,
오히려 더 굳은 신뢰를 가질 수도 있습니다.

그럼 상대와 대립하는 그 순간을
어떻게 넘기는 것이 현명할까요?

우선 같은 말이라도 더 다정하게 표현해야 합니다.

"왜 연락을 안 한 거야?"보다는
"많이 기다렸어. 꼭 할 말이 있었거든"이 낫고,
"당신을 도저히 못 믿겠어"라는 말보다
"어떻게 하면 우리가 서로를 좀 더 신뢰할 수 있을까?"라고
말하는 것이 좋습니다.

그리고 상대가 잘못했을 때는 화를 내기보다는
상대가 미안하도록 만드는 편이 낫습니다.
다그치고 화를 내면 듣고는 있겠지만
이미 상대는 더 이상 미안해하지 않습니다.
내 화를 받아주었으니까요.
또한 대결하는 태도보다는
서로 같은 방향으로 나아가는 사람이라는
느낌을 주는 것이 중요합니다.
같은 목표를 가지고 함께 돕고 노력하는 사람이라고 생각할 때
상대도 내게 쉽게 마음의 문을 열 테니까요.

가끔은 상대가 지나친 요구를 할 때가 있습니다.
그럴 때 감정적으로 받아치면 관계는 엉망이 됩니다.
우선 담담하게 왜 그런 요구를 했는지 상대방에게 물어보세요.
질문을 하고 듣는 것만으로도 큰 도움이 됩니다.
상대의 말을 듣다보면 내게는 정보가 쌓이고,

상대는 자기 이야기를 들어준 내게 빚진 느낌을 갖게 됩니다.
결국 상대가 내 의도를 따라줄 가능성이 높아집니다.
상대의 말을 들어준다고
요구를 들어줄 필요는 없으니 그저 들으십시오.

마지막으로 무엇보다 내가 정말 원하는 것이
무언지 생각해야 합니다.

휴일에 함께 놀이동산에 놀러가고 싶었습니다.
그런데 상대가 갑작스럽게 일이 생겨
시간이 부족하다고 합니다.
당연히 기분이 나빠집니다. 기대가 어긋났으니까요.
그렇지만 정말 내가 원하는 것은 무엇일까요?
같이 즐거운 시간을 보내고 싶은 것 아닐까요?
이 상황이 어쩔 수 없다면 감정대립을 해서
휴일을 망치기보다는 얼른 부족한 시간이라도
즐겁게 보낼 방법을 생각해야 합니다.
원래의 목표가 무엇인지 잊어서는 안 됩니다.
물론 비용은 상대보고 내라고 해야겠지만요.

의견이 다를 때 우리는 내가 이기느냐,
상대가 이기느냐에 몰두하기 쉽습니다.

하지만 상대가 내게 소중한 사람이라면
일방적인 승리란 결국 모두의 패배입니다.
공동의 목표를 이루고 함께 행복해지는 것이 중요합니다.

상황이 안 좋아졌을 때 더욱 집중하세요.
그리고 꼭 기억하세요.
우리는 의견이 다를 순 있지만 함께할 사이라는 것을요.
❁

| 서른세 번째 만남

자원봉사가 십대 임신의
특효약이라고요?

요즘 우리나라에서도 십대 임신이 늘어 문제가 되고 있습니다.
이런 현상을 두고 말세라고 하기도 하고,
요즘 아이들 무섭다는 말도 합니다.
글쎄 말세인지, 아이들이 정말 무서운 건지는 모르겠습니다.
왜냐하면 불과 150년 전만 해도 십대 임신은
우리 사회의 표준이었기 때문입니다.

어른들이 십대 임신에 혀를 차는 이유는
아이들이 더 이상 어른들의 통제를 받지 않는 것에 대한 걱정입니다.
그래서 아이들에게 도덕교육, 인성교육을 강화하자고 합니다.
십대 임신이 우리보다 먼저 사회문제가 된 선진국에선
이미 십대 임신을 막기 위한 도덕교육을 시도해왔습니다.

그러나 미국 의회의 조사에 의하면,
금욕을 강조하는 성교육 효과는 전혀 없었습니다.
오히려 피임정보를 포함한 종합적인 성교육을 받은 아이들에 비해
성행위 빈도도 높고 임신률도 훨씬 높았습니다.

도덕교육이 전혀 효과가 없음이 알려지자
이번엔 경제적인 보상을 하는 접근이 시행되었습니다.
노스캐롤라이나 주에선 십대 임신부가 또 임신하는 걸 막기 위해
임신을 하지 않으면 그 기간 동안
하루에 1달러씩 주는 프로그램을 실시했습니다.
아무래도 직접 돈을 주니 그걸 받기 위해서라도
임신을 하지 않을 거라고 생각한 거죠.
그러나 결과는 예상 밖이었습니다.
돈을 받은 그룹이나 받지 않은 그룹이나
임신률의 차이는 없었습니다.

그럼 어떤 프로그램이 효과가 있었을까요?
엉뚱하게도 자원봉사 프로그램이 십대 임신을 줄이는 데
가장 효과적이었습니다.
십대 청소년을 대상으로
무료급식소나 양로원에서 자원봉사를 하는 프로그램을 실시하자
임신률은 물론 성적 행동도 줄어들었습니다.

도대체 자원봉사와 임신이 무슨 관계가 있기에
이런 결과가 나왔을까요?

아이들은 학교와 가정, 지역사회에서 고립감을 느낄 때,
소외되었다고 느낄 때 성적인 행동을 하기가 쉽습니다.
반면 자기가 공동체의 일원이란 소속감을 갖고
미래를 그려나갈 때 위험한 행동을 하지 않게 됩니다.
꼭 십대만 그런 것은 아닙니다.
우리 역시 자신이 고립되었고 누구도 자기를 좋아하지 않는다고
느낄 때 무모한 행동을 하기 쉽습니다.
다른 사람의 주목을 받기 위해,
또 내가 살아 있다는 확신을 가지기 위해
일부러 자기 파괴적인 행동을 합니다.
그만큼 우리 모두는 타인의 관심이 필요하고,
자기가 필요한 존재라는 믿음이 절실합니다.

하지만 나 자신에 대한 믿음을 갖기란 쉬운 일이 아닙니다.
그렇다면 우선 실천을 해보는 것도 좋습니다.
자원봉사를 경험한 십대들의 임신률이 낮아지듯,
타인에게 의미 있는 활동, 공동체에 소속되어 있다는 느낌을
가질 수 있는 활동을 당장 시도해보십시오.
처음에는 그저 행동에 불과하지만,

그 행동이 우리의 태도를 바꿀 수 있습니다.
우리가 자신을 존중할 수 있도록 만들어주고,
더 이상 자신에게 해로운 행동을 하지 않도록 도와줄 것입니다. ✽

| 서른네 번째 만남

사람들은 왜 필요 이상으로
돈을 벌까요?

사람들은 왜 생계를 유지하는 것 이상으로
돈을 벌고 모으려 하는 걸까요?

우선 미래를 예측하기 어렵기 때문이란 의견이 있습니다.
지금 당장은 필요 없지만,
미래에는 돈을 벌기 어려울 수 있으니
그때를 생각해서 모아둔다는 거죠.
하지만 삼대에 걸쳐 써도 남을 재산이 있지만
여전히 돈을 더 벌려는 사람들을
언론을 통해 쉽게 볼 수 있습니다.

이런 의견도 가능합니다.

'돈이 목적이 아니라 일을 즐기고 성취를 하려다보니
돈이 저절로 따라오는 거다.'
과연 그럴지요?

시카고 대학교의 크리스토퍼 씨 교수는 실험을 통해
왜 사람들은 필요 이상으로
돈을 버는지에 대해 연구했습니다.

실험은 두 단계로 이루어졌는데
1단계 참가자들은 초코바를 모으는 과제를 수행합니다.
즐거운 음악을 듣다가 버튼을 누르면
듣기에 괴로운 짧은 소음을 들어야 하는데
이 소음을 스무 번 들으면 초코바를 한 개 받는 식으로
초코바를 모을 수 있습니다.

2단계는 모은 초코바를 먹는 시간인데
몇 개든 자유롭게 먹을 수 있지만
규칙상 남은 것을 들고 갈 수는 없다고 말해두었습니다.
실험 참가자들은 평균 10.74개의 초코바를 얻었고
그중 4.26개만을 먹었습니다.
참가자들에게 미리 몇 개 정도의 초코바를 먹으면
만족할 수 있겠냐고 물었을 때의 대답은 3.75개였습니다.

결국 참가자들은 자기에게 필요한 것 이상으로
열심히 일을 해서 초코바를 모았고
그중 절반 이상을 그대로 둔 채 실험실을 떠났습니다.

씨 교수는 두 번째 실험에선 2단계에 할당된 시간을 줄여서
1단계를 더 진행할 수 있다고 했습니다.
그랬더니 많은 참가자들이 이미 자기가 먹기에
충분한 초코바를 모았음에도 먹는 시간을 포기하고
초코바를 더 모았습니다.

마지막으로 교수는 참가자들을 두 그룹으로 나누어
한 그룹은 모을 수 있는 초코바의 개수를 제한하고,
다른 그룹은 제한을 두지 않았습니다.
제한을 둔 그룹에선 소음을 더 듣는 것은 자유였지만
상한선 이상으로는 초코바를 주지 않았습니다.
예상대로 상한선이 정해진 그룹에선
상한선만큼 모은 뒤에도 소음을 듣는 참가자가 없었습니다.
그리고 양쪽 그룹의 행복감을 조사했습니다.
예상외로 상한선을 둔 그룹의 행복감이
1단계와 2단계 모두에서 높았습니다.
1단계에선 상한선이 없는 그룹보다 일을 덜 해서,
2단계에선 초코바를 조금만 남겨놓고 가도 되기에

더 행복해했습니다.

연구가 주는 결론은 이렇습니다.
사람들은 미래를 걱정해서, 합리적인 염려 때문에
돈을 더 벌려는 것이 아닙니다.
오히려 그저 관성적으로 특별히 힘이 들지 않는 한
더 많은 일을 하고 더 많은 돈을 벌려고 합니다.
심지어 지치지만 않는다면
돈 쓸 시간을 줄여가면서도 돈을 더 벌려고 하죠.

그렇다고 일을 하는 것이 즐거워서
돈을 버는 것도 아닙니다.
일하는 것은 괴롭고,
일해서 번 돈을 남겨두고 떠나는 것도 아쉽지만
일하는 관성을 멈추지 못합니다.
외부에서 상한선을 그어주어야
비로소 관성적으로 일에 매달리는 것에서 벗어나
행복을 추구합니다.

누구나 내 삶의 주인은 나라고 하고
더 많은 행복을 갖길 원한다고 말합니다.
그러나 정작 우리 삶의 진짜 모습은

일과 돈의 관성에 끌려 다니고 있을지 모릅니다.
자신의 현재 모습을 비판적으로 바라보고
스스로를 제어하는 것은 생각보다 쉽지 않으니까요. ❁

| 서른다섯 번째 만남

선물을 주고받는
가장 좋은 방법

사랑하는 사람을 위해 고심해서 선물을 고르고,
마침내 선물을 열어본 상대가 밝은 미소를 지을 때
우리는 무척 행복합니다.
그래서 주는 기쁨, 받는 즐거움이란 말도 있죠.

그런데 선물을 고른다는 게 그리 쉽지만은 않습니다.
내가 고른 선물을 상대가 과연 좋아할까도 걱정이고
그렇다고 뭘 받고 싶은지 물어보는 것은
왠지 성의 없어 보일까 싶어 주저하게 되죠.

하버드 대학교의 프란체스카 지노 교수와
스탠포드 대학교의 프랜시스 플린 교수가

선물에 대한 몇 가지 재미있는 실험을 했습니다.
그들은 사람들을 반으로 나눠
한쪽은 과거에 자신이 받았던 선물을 기억하도록 하고
나머지 절반의 사람들에겐 자신이 주었던 선물을 기억하게 했습니다.

선물에는 크게 두 가지가 있죠.
하나는 받는 사람이 미리 받고 싶은 것을 정한 선물,
또 하나는 주는 사람이 알아서 고른 선물입니다.
이 중 사람들은 어떤 선물을 더 고맙게 기억하고 있을까요?

자신이 준 선물을 기억한 사람들은
자신이 알아서 고른 선물을 상대가 더 고맙게 생각할 거라 답했는데
받은 선물을 기억한 사람들 입장에선 정반대였습니다.
받는 자신이 미리 정해준 선물을 받았을 때 더 고마웠다고 기억했죠.
이번에는 양쪽의 역할을 바꿔서
선물을 받은 기억을 한 사람들은 선물을 주었던 기억을,
선물을 준 기억을 한 사람들은 자신이 받은 선물을
기억하게 했습니다.
재미나게도 역할이 바뀌자
사람들은 자신이 앞서 한 대답과는 정반대의 답을 했습니다
결국 선물을 준 기억을 할 때나, 받은 기억을 할 때나
스스로 고른 선물을 주거나 받았을 때를 긍정적으로 기억하는 것이죠.

연구자들은 이번에는 실제상황을 만들어 실험을 했습니다.
그들은 우선 사람들에게 인터넷 쇼핑몰에서
자신이 받고 싶은 선물의 목록을 만들도록 했습니다.
그리고 다른 사람에게 선물을 주도록 했는데
이때 사람들을 반으로 나눠
한쪽은 상대가 만든 선물목록에 있는 것 중
하나를 골라서 선물하게 하고
다른 한쪽은 상대가 만든 선물목록을 참고하되
무엇을 선물할지는 자신이 알아서 하도록 했습니다.

선물을 주는 사람들은
두 가지 경우 모두 상대가 비슷한 정도로 고마워하리라 추정했습니다.
하지만 받는 사람들은 그렇지 않았습니다.
자기가 정한 목록에 있는 선물을 받을 때 고마워했죠.
그런데 놀라운 점은 그들이 더 고마워하는 이유였습니다.
사람들은 자신이 정한 선물목록에 있는 선물을 주는 것을
상대가 좀 더 자신을 배려한 것이고, 사려 깊은 태도라고 생각했습니다.

이처럼 주는 사람이든, 받는 사람이든
우리는 자기가 고른 것에 더 많은 가치를 부여합니다.
또한 자기가 상대를 잘 알고

그에 맞춰 좋은 걸 고른다 생각하지만
생각보다 내 기대와 상대의 기대는 차이가 큽니다.

혹시 상대가 뭘 바라고 있다면
그냥 그것을 선물하는 것이 가장 좋습니다.
또 받고 싶은 선물이 있다면
굳이 상대의 정성을 시험하지 마시고
몇 가지 정확히 말해주세요.
그래야 선물 주고받기의 시간이 불안과 실망이 아닌
행복으로 채워질 가능성이 높을 겁니다.

● ● ●

덧붙이는 말

지노 교수와 플린 교수의 연구는
백인 중산층 이상을 대상으로 한 연구라는 한계를 갖고 있습니다.
선물을 주고받는 것은 문화의 영향을 받기에
다른 문화에서는 다른 연구 결과가 나올 가능성이 높습니다.
예를 들어, 우리의 전통적인 문화에서는
내가 바라는 것을 대놓고 말하는 것을 부끄러워했고,
말하지 않아도 상대가 내 마음을 알아주는 것을
이심전심이라고 하여 높은 가치를 부여해왔습니다.

다만 이러한 우리의 전통적인 문화도 점차 변하고 있어
요즘은 사람들이 받고 싶은 선물 1위가
현금이나 상품권이라는 조사 결과가 나왔습니다.
이것을 물신주의로 보아야 할까요?
그보다는 자신이 받고 싶은 것을 스스로 고르고 싶어 하는
당연한 마음의 표현이라고 생각합니다. ❀

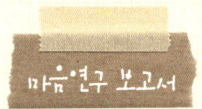

건강하려고 노력해도 왜 더 나빠질까요?

얼마 전 운동을 열심히하는 친구에게
왜 이렇게 힘들게 운동을 하냐고 물어보았습니다.
그러자 그 친구 대답이 걸작이었습니다.
더 오래 지금처럼 술도 마시고 재밌게 놀려면
이렇게 운동을 하지 않으면 안 된다고 그러더군요.

맞는 말입니다.
우린 더 즐겁고 행복하게 살기 위해 운동도 하고,
좋은 음식도 먹는 것입니다.
하지만 조심할 부분이 있습니다.
최소한 배보다 배꼽이 커선 안 될 일입니다.

대만 카오슝 국립대학교의 웬벤 츄 교수와 연구진은
매일 흡연을 하는 대학생 일흔네 명을 대상으로
건강식품의 심리적 효과를 알아보는 실험을 했습니다.
연구진은 대학생들에게 아무 효과가 없는 알약을
하나씩 먹도록 했습니다.
그런데 그중 절반에겐 그 약이 비타민C라고 거짓말을 하고 나머지 사람들에겐 그 말을 하지 않았습니다.
연구진은 약을 먹인 뒤 한 시간 정도에 걸쳐
설문지를 작성하도록 하였는데
이때 자유롭게 담배를 피워도 된다고 말해주었습니다.

재미나게도 검사 시간 동안
두 집단은 흡연량에 큰 차이가 있었습니다.
비타민C라고 알고 알약을 먹은 집단은
그렇지 않은 집단에 비해 담배를 두 배 이상 피웠습니다.
흔히 비타민C가 흡연의 부작용을
줄인다고 잘못 알려져 있습니다.
그래서인지 비타민C를 먹었다고 생각한 사람들은
담배를 더 많이 피웠습니다.

연구진은 설문지에 자신이 건강하다고 느끼는지도 물어보았는데
건강하다고 느끼는 사람일수록 설문지 작성 시간 동안
피운 담배 개수가 더 많았습니다.
연구진은 대학생이 아닌 일반인을 대상으로 한
연구를 하였는데 결과는 같았습니다.
게다가 이 연구에선 복용한 알약을
얼마나 긍정적으로 생각하는지를 함께 물어보았습니다.
그랬더니 약의 효과를 긍정적으로 생각할수록

자신을 더 건강하다고 생각했고, 그 결과 담배는 더 많이 피웠습니다.

건강보조식품을 복용하고 그 효과를 믿으면 믿을수록
사람들은 더 쉽게 건강을 해치는 행동을 하는 경향이 있습니다.
약을 먹어 건강해졌으니 그 정도 건강에 좋지 않은 행동은
해도 된다고 생각하는 거죠.
그런데 안타깝게도 대부분의 건강보조식품들은
효과가 그리 크지 않아서
이걸 복용하는 분들은 잘못된 '건강안심증'에 빠져
건강만 더 해칠 수 있습니다.
실제로 비타민 등을 장기 복용하는 사람들이
복용하지 않은 사람들에 비해
노년기 건강이 좋지 않거나 수명이 길지 않다는
보고도 많이 나와 있습니다.
마찬가지로 운동을 조금 한다고
건강에 좋지 않은 행동을 더 많이 해서야
건강을 지키기는 어려울 것입니다.

사람이란 조금 좋은 일을 하고 나면,
그 효과를 크게 생각해 오히려 반대 방향으로 가는 경향이 있습니다.
하지만 정말 목표를 이루고 싶다면 모든 행동을
일관되게 이끌어가야 한다는 사실을 잊지 말아야겠습니다.

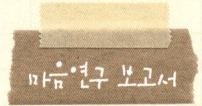

비판적이라고 똑똑한 것은 아닙니다

오늘은 다른 사람들에게
똑똑한 사람으로 보일 수 있는 방법을 한 가지 알려드리겠습니다.
하버드 대학교 교수인 테레사 애머빌은 이런 실험을 했습니다.
실제로 존재하지 않는 책을 두고 두 개의 서평을 작성했습니다.
하나의 서평에는 성공작이라든가
흥미와 재미를 모두 만족시키는 책이라는 긍정적인 언급을 쓰고,
다른 서평에는 실패작이라든가
흥미도 재미도 없는 책이라는 부정적인 언급을 썼습니다.
이런 대조적인 부분을 제외하고
나머지 부분은 똑같은 내용으로 구성했습니다.
그리고 사람들에게 서평을 쓴 평론가에 대해 의견을 묻는 조사를 했습니다.

어떤 결과가 나왔을까요?
사람들은 부정적인 의견을 쓴 평론가가 긍정적 의견을 쓴 평론가보다
똑똑하고 글도 잘 쓰고 능력이 좋을 것이라고 답했습니다.
이런 실험 결과는 다른 연구에서도 반복적으로 나타납니다.
사람들은 무의식적으로 비판과 지능을 연결 짓습니다.
비판적인 사람을 더 똑똑한 사람이라고 생각하지요.

우리 대부분도 그것을 본능적으로 알고 활용하고 있습니다.

발표를 할 때 듣는 사람들의 수준이 높으면

자기도 모르게 좀 더 부정적이고 비판적인 언급을 많이 섞습니다.

그래야 자기도 밀리지 않고 똑똑해 보인다는 것을 아는 거지요.

인터넷 게시판을 보면

온갖 부정적인 평가들로 가득 찬 글들을 많이 만납니다.

어떤 사람의 경우는 그가 쓴 모든 글이 비판으로 가득 차 있습니다.

그들의 비판적 태도가 물론 유능함의 증거일 수는 없습니다.

다 그렇지는 않겠지만 대개는

자기의 지적 능력에 대한 자신감이 부족하고,

남이 자기를 인정해주길 절실히 바라는 경우가 많습니다.

애머빌의 실험은

역설적으로 우리에게 균형 잡힌 시각을 갖도록 도와줍니다.

비판적인 태도를 지적이라고 착각하는

우리의 본능적 태도를 바꿔줍니다.

그래서 상대방의 드러난 말이 아닌

드러나지 않은 부분에 주목하라고 권하고 있습니다.

그래도 배운 것을 활용해보십시오.

혹시 데이트를 할 때

상대가 자기를 지적으로 봐주길 기대한다면
같이 영화를 보거나 어떤 사회적 문제를 이야기하면서
비판적인 말을 몇 마디 섞으세요.
분명 당신을 바라보는 눈빛이 좀 더 우호적으로 변할 것입니다.
물론 지나치면 곤란하고
절대로 상대에 대해 비판적이어서는 안 됩니다.
사람들은 비판적인 사람은 유능하다고 보지만
자기에 대해 비판하는 사람은 좋아하지 않으니까요.

3

날마다
조금씩
가까워지는 우리

| 서른여섯 번째 만남

습관은 내 머릿속의
고속도로

습관이란 내 머릿속에 있는 고속도로입니다.
어떤 상황이나 자극이 주어지면 바로 일정한 행동이 나타나죠.
이렇게 빠르게 이어지는 행동의 고속도로가 바로 습관입니다.
예를 들어 치약을 손에 쥐면
자동적으로 가운데를 짭니다.
'아래서부터 짜야지'라고 생각하지만
뚜껑을 여는 순간, 나도 모르게 가운데를 누르는 겁니다.
'내일은 지각하지 말아야지.' 결심하고 잠들었지만
알람이 울리면 나도 모르게 버튼을 누르는 것이 습관입니다.

나쁜 습관을 없애고 좋은 습관을 만드는 것.
누구나 바라지만 쉬운 일은 아닙니다.

나쁜 습관을 없애기 위해선 새로운 행동이 만들어져야 합니다.
그런데 새로운 행동이란 당연히 처음에는 부자연스럽죠.
익숙하지 않으니 의식적으로 노력해야 하고,
그러니 에너지가 많이 듭니다.
오래된 습관이 고속도로라면
새로운 습관은 몇 사람 지나지 않은 산길과 같습니다.
급할 게 없을 때야 산길로 갈 수도 있겠지만
급하고 몸이 지쳐 있을 때는
아무래도 고속도로로 가기가 쉽습니다.
그래서 새로운 행동은 작심삼일로 끝나기 쉽고
우리는 과거의 습관으로 돌아가곤 합니다.

결국 새로운 습관을 만든다는 건
좁은 산길을 고속도로로 만드는 일입니다.
그것도 과거에 잘 다니던 고속도로를 폐쇄하고
새로운 고속도로를 놓는다는 거죠.
만약 실제 우리가 다니는 길에서
이런 일이 벌어지면 어떻겠습니까? 난리가 나겠죠?
교통정체에, 시민들의 항의에 버티기가 쉽지 않을 겁니다.
마찬가지로 새로운 습관을 만들 때도
굳이 과거의 습관을 아예 없앨 필요는 없습니다.
과거의 습관도 어느 정도 인정하면서

새로운 습관을 연습하는 편이 낫습니다.
치약의 아랫부분을 짜고 싶다면
막상 이를 닦을 땐 중간을 누르더라도,
평상시 일부러 치약을 가져다가
아랫부분을 짜는 연습을 꾸준히 반복하면 도움이 됩니다.
아이들을 가르칠 때도 마찬가지죠.
옷을 아무 데나 벗어두는 아이에게
제자리에 벗어두는 걸 가르치려면
잔소리보다는 옷을 벗고 제자리에 두는 연습을
반복적으로 시키는 것이 좋습니다.
시간을 정해 옷을 입고, 벗고, 제자리에 두기를
두 번 반복하자고 하는 거죠.
이것이 기존 도로는 다니게 두고
새로운 고속도로를 건설하는 방법입니다.

보상도 필요합니다.
고속도로와 같은 빠른 습관을 만들기 위해선
새로운 행동이 내게 유리하다는
강렬한 경험이 뒷받침되어야 합니다.
그러기 위해 연습을 할 때마다 보상을 해서
기분 좋은 느낌을 갖게 해야 합니다.
보상은 도로 위에 아스팔트를 까는 행위입니다.

아스팔트가 깔려야 도로가 빨라지겠죠?
칭찬도 해주고, 몇 번 연습했는지 표시하여 작은 선물을 줍니다.
만약 실제 상황에서 좋은 행동이 나타나면
더 큰 상을 주면서 새로운 습관의 탄생을 격려합니다.

**좋은 습관은 잔소리만으로 만들 수 없습니다.
연습만이 새로운 행동을 만듭니다.**
그리고 적절한 보상은
그 행동을 새로운 습관으로 바꿔줄 것입니다.

| 서른일곱 번째 만남

잘하려는 마음이
도리어 짐이 될 때가 많습니다

"아이의 요구를 잘 받아주다가도
아이가 짜증을 내면 갑자기 저도 화가 나고 짜증이 납니다.
그래서 아이가 짜증내는 것을 보고 있기가 힘들어요.
특히 아침시간에 졸려서 정신 못 차리는 아이를 보면
출근해야 하는 바쁜 시간이니 너무 화가 납니다.
그럴 때 어떻게 해야 할까요?"

우리 마음은 참 간사합니다.
나는 짜증을 내면서 상대의 짜증을 받아주기가 참 어렵지요.
짜증이란 내 마음의 분비물입니다.
힘들게 달리기를 하면 땀이 흐르듯이
일이 힘에 부쳐 마음이 힘들면 짜증이 납니다.

그런데 자기 땀은 더럽지 않지만 남의 땀은 만지고 싶지 않겠죠.
그렇듯 남의 짜증은 받아주기 어렵습니다.
아이가 짜증을 내는 건
그냥 아이의 표현이라고 생각해야 합니다.
내가 꼭 해결해줘야 한다고 생각하지 마세요.
혹시 아이가 힘들어하는 건
모두 해결해줘야 한다는 압박을 느끼고 있는 게 아닌가 싶습니다.

아이가 아닌 다른 사람들의 짜증에 대해서도 마찬가지입니다.
남들의 짜증은 그냥 그 사람의 짜증입니다.
그저 그 사람이 힘들다는 의미이고,
내가 해결해줘야 할 일이 아닙니다.
나는 방해만 안 하면 되는 것이고,
상대가 원하고, 내가 잘 도울 수 있는 일일 경우에만 나서면 됩니다.
만약 엄마가 짜증을 낼 때,
아이가 엄마의 짜증난 이유는 생각하지도 않고
"엄마는 왜 짜증내? 짜증 좀 내지마." 하면 기분이 어떨까요?
한 대 딱 때리고 싶지 않겠습니까?
엄마가 아이의 짜증에 대해 화를 낼 때, 아이도 딱 그 심정일 겁니다.

짜증은 그냥 두고 보세요.
아이가 좀 힘에 부치는구나, 생각하면 됩니다.

그때 내가 할 수 있는 일을 하시면 되고,
할 수 있는 일이 없으면 그냥 놔두세요.
그래도 좋습니다.

아이의 짜증을 못 받아주는 이유는
엄마도 지금 이 상황이 싫기 때문입니다.
뭔가 잘 도와주고 싶은데 못 도와주는 것 같아 속상하고,
아이는 자기의 이런 힘든 마음을 몰라준다고 생각하기 때문입니다.
내가 원하지 않는 방향으로 상황이 흘러가고,
그래서 내가 뭔가 나쁜 엄마가 되는 듯싶어서 싫은 겁니다.
그런데 당신은 나쁜 엄마가 아닙니다.
그냥 보통 엄마이고, 잘해보려고 하는데
그게 잘 안 돼서 속상한 엄마일 뿐입니다.
그런 자신을 격려해주세요.
내가 처한 조건, 맞벌이 엄마라는 상황을 인정하세요.

잘하려는 마음이 짐이 될 때가 많습니다.
잘하지는 못하지만 그래도 내가 좋은 사람이라는 것을
믿지 못하기 때문이죠.
하지만 잘하려는 것만으로도 좋은 사람입니다.
자기를 격려하세요.
그래야 아이의 짜증을 가볍게 넘길 수 있을 것입니다. ❋

| 서른여덟 번째 만남

인생이란 누구나
각자의 경기를 하는 것

"세 아이의 엄마입니다.
아이 친구 중에 내 아이보다 공부를 잘하거나
발달이 빠른 친구들을 보면
'그 엄마는 나보다 나은 사람이야.' 하는 생각에
괜히 나 자신이 작아 보이고 의기소침해져요.
저도 잘 키우려 노력하지만 질투와 시기심이 생깁니다.
어떻게 해야 극복할 수 있을까요?"

'내 아이가 잘났으면' 하는 마음,
'다른 아이들보다 뛰어났으면' 하는 마음은
하나도 이상할 것이 없습니다.
모든 사람이 가진 본능입니다.

게다가 아이를 사랑하는 부모라면 당연히 아이가 잘되길 바랍니다.
사랑하는 사람이 잘되길 바라지,
아무렇게나 살기를 바라겠습니까?
그런데 '아이가 잘되고 못되는 것은 부모의 노력이다.'
여기에는 오류가 있습니다.

우리가 흔히, 다른 사람 잘되게 하는 것은 어렵지만,
못되게 하는 것은 쉽다고 합니다.
아이를 키우는 것도 마찬가지입니다.
아이를 함부로 대해서 망치는 건 쉽지만
부모의 노력으로 아이가 잘되게 하는 건 어렵습니다.
왜냐하면 아이가 갖고 태어난 능력이 무척 중요하기 때문입니다.

시중에 '내가 이렇게 잘 키워서 아이가 잘 자랐다'는
내용의 책들이 많이 나와 있습니다.
여기에서 잘 자랐다는 의미는
어느 대학을 갔다거나 하는
사회적으로 인정받는 성취가 기준이죠.
그런데 좀 심하게 말하자면 이런 책들은 좀 뻔뻔합니다.
다 그렇진 않겠지만
그 아이들은 대부분 타고난 능력이 뛰어난 경우입니다.
부모의 노력과 무관하게 워낙에 괜찮은 아이들인 거죠.

우연히 자신에게 괜찮은 아이가 태어났다면
감사하게 생각하고 겸손하게 지내야 하는데,
자기가 잘한 것처럼 포장하고,
게다가 이걸 책으로까지 내서 다른 사람들이 따라하도록 합니다.
물론 따라해봐야 내 아이가 그렇게 자라지는 않습니다.
그저 그 아이에게만 통하는 이야기인 거죠.

아이는 운명처럼 우리에게 주어집니다.
내가 고를 수 없는 겁니다.
마찬가지로 아이도 부모를 고를 수 없습니다.
이처럼 선택이 불가능한 상황에서
우리가 할 수 있는 최선이란
그저 자신에게 주어진 운명을 받아들이고
자신이 할 수 있는 범위의 노력을 하는 것입니다.

인생이란 누구나 각자의 경기를 하는 겁니다.
서로 경쟁하는 시합이라 생각한다면
극소수를 제외한 대부분에게 인생은 지옥입니다.
내 기록을 단축하고, 내 근육을 키워나가듯
다른 누구도 아닌 나와 내 아이가 행복한 방법을
만들어내려 노력할 때
인생이란 경기에서 승리자가 될 수 있습니다.

만약 승리의 메달을 주는 사람이 남이 된다면
우리는 늘 불행할 수밖에 없습니다.
남의 시선, 남의 기준에 맞춰서 살아가야 하기 때문이죠.
비록 경기에서 이긴다고 하더라도
그 삶에서 내가 행복하기는 어렵습니다.
그러니 잊지 마십시오.
내 인생에서 승리의 메달은
내가 나에게 주는 메달입니다. ❋

| 서른아홉 번째 만남

엄마는 특별한 존재, 뇌가 알고 있습니다

어머니, 엄마. 입으로 몇 번 불러보는 것만으로도
특별한 느낌을 갖는 단어입니다.

여성들을 대상으로 이런 실험을 해보았습니다.
뇌영상 촬영을 하면서 몇 장의 사진을 보게 했습니다.
엄마, 친한 여자친구,
엄마와 비슷한 나이의 여자 사진을 보여주었는데,
뇌에서 활성화가 일어나는 부위가 달랐습니다.
여자친구나 엄마 또래의 낯선 여자 사진에는
같은 부위가 반응하였고,
오직 엄마 사진에서만 뇌의 다른 부위가 활성화되었습니다.
엄마의 얼굴은 다른 누구와도 다른 두뇌 처리 과정을 거칩니다.

엄마에게 아이도 마찬가지입니다.
아이가 울 때 엄마의 편도체는 급격히 활동을 시작합니다.
편도체는 두려움을 관장하는 뇌 부위이므로
이 부분에 활성화가 일어난다는 것은
우리의 두뇌에 비상이 걸린다는 것을 의미합니다.
재미난 점은 편도체의 급격한 활성화가
오직 자기 아이가 울 때만 나타날 뿐
남의 아이가 울면 나타나지 않는다는 겁니다.
이런 까닭에 다들 남의 자식 일에는 한없이 객관적일 수 있지만,
막상 자기 자식 문제에는 감정이 앞선 판단을 하는 것이죠.

아이와 엄마는 이처럼 서로 긴밀히 연결되어 있습니다.
엄마는 아이를, 다른 누구와도 다른 뇌 부위를 통해 인지하고,
아이도 엄마를, 다른 누구와도 다른 뇌 부위를 통해 인지합니다.
그러니 자기 자식, 자기 엄마 일에 객관적일 수는 없는 겁니다.

이런 사실을 아는 것은 부부관계에서 무척 중요합니다.
나의 엄마는 내 엄마일 뿐 배우자의 엄마가 아닙니다.
호칭이야 '어머님' 하며 부를 수 있지만,
뇌에서 처리하는 방식은 분명 다릅니다.
그러니 상대가, 내가 엄마를 대하듯이
내 엄마를 대해주길 기대해서는 곤란합니다.

배우자에게 기대할 것은 그저 인간적인 태도뿐입니다.
나야 미운 행동을 하든, 어려서 구박을 받았든, 엄마이고 특별하지만,
상대에겐 그저 배우자의 어머니일 뿐입니다.

마찬가지로 배우자가 자기 엄마를 대하는 태도도 인정해야 합니다.
내가 보기엔 과하게 여겨지는 상대의 모습이 어쩌면
상대에겐 다른 선택의 여지가 없는 행동일 수 있습니다.
그렇게 하지 않을 수 없어서 하는 행동이라는 뜻입니다.
엄마와 만나기만 하면 다투면서도,
엄마가 몸이 안 좋으면 잠을 못 이루는 것.
이런 감정은 당사자가 아니면 알 수 없는 거지요.

물론 상대의 모습을 좀 더 인정하자는 것이지,
모든 행동이 당연하다는 것은 아닙니다.
부부에게 가장 중요한 것은 부부간의 관계입니다.
부부간의 관계까지 망가뜨릴 정도로 부모에게 집착한다면
결과적으로 부모에 대한 불효이고,
내 아이들에게도 무거운 짐을 지우는 행동입니다. ❀

| 마흔 번째 만남

비난과 비판,
작지만 큰 차이

비난과 비판은 어떻게 구별할까요?
비난은 세 가지 특징을 갖습니다.

첫째, 상대의 행위가 아닌 상대의 인간성을 공격합니다.
예를 들어 "너는 왜 이렇게 게으르니?"
"당신은 도대체 내게 믿음을 주지 않아." 하는 식입니다.
게으른 행동, 믿음을 주지 않은 행동 하나하나를 말하지 않고
상대에게 안 좋은 사람이란 딱지를 붙입니다.

둘째, 상대로 인한 피해를 과장합니다.
예를 들어 "너 때문에 늙는다. 늙어."
"당신으로 인해 내 인생은 완전히 망가진 거야." 같은 이야기입니다.

아무리 어떤 행동이 충격적이라고 해도
그 행동 하나로 늙고, 인생 전체가 망가지진 않습니다.
어쩌면 이런 비난이 오히려 자신을 늙게 만들고
인생을 망가뜨려왔을지도 모릅니다.

셋째, 좋게 해결하려는 생각이 없습니다.
예를 들어 "너랑 다시 보면 내가 사람이 아니다."
"날 설득하려고 하지 마. 이건 해결이 안 돼"와 같은 말이죠.
이런 말 다음에 상대가 뭐라고 말을 걸겠습니까?
미안한 마음이 있더라도 저절로 입이 다물어질 것입니다.

그러면 왜 이렇게 비난을 하는 걸까요?
비난이든 비판이든 결국 싸움입니다.
상대가 나를 공격하고, 내 이익을 침범했을 때
나 자신을 지키려고 싸우는 겁니다.

다만 내가 싸워서 이길 수 있다는 믿음이 없을수록
비판보다 비난으로 흐르게 됩니다.
자기에 대한 믿음이 없기 때문에 절박해지고,
절박한 마음에 더 강하게 상대를 공격하게 됩니다.

아이보다 내가 강하고, 어떻게든 아이를 바로 잡을 수 있다고 확신하는 부모라면 아이를 비난하지 않습니다.
이러다가 아이가 잘못될까 두렵다고 생각하는 부모가
아이를 비난합니다.

친구와의 관계에서도
내가 가만히 있으면 상대가 마음대로 휘두를지
모른다고 겁을 먹을 때 우리는 비난을 합니다.
그리고 내가 상황을 변화시킬 수 있다는 믿음이 적을수록 비난하고,
비난하는 순간 이미 우리는 상황을 변화시킬 수 없게 됩니다.

결국 비난이 아닌 비판, 포기가 아닌 변화를 위해서는
나에 대한 믿음이 필요합니다.
지금은 상황이 좋지 않지만
결국 내가 해결할 수 있을 거란 믿음이 있다면 비난은 줄어듭니다.

만약 당장 자신을 믿기 어렵다면 시간을 믿으십시오.
열 마리 말이 하루를 갈 길이라면,
한 마리 말로 열흘을 가면 됩니다.
자기를 믿기 어렵다면 자신에게 좀 더 시간을 주십시오.
인생에서 중요한 문제는 대개 급하게 처리할 일들이 아닙니다.
천천히, 결국은 해결하리란 믿음이
나와 내 인생을 좌절과 비난에서 건져낼 것입니다. ❀

| 마흔한 번째 만남

고래도 춤추게 하는
칭찬은 어떤 걸까요?

칭찬에 대해서는 상반된 의견이 있습니다.
'칭찬은 고래도 춤추게 한다'는 말이 있는 반면,
칭찬을 하면 칭찬의 노예가 되기 쉽고
자발성이 떨어진다는 말도 들립니다.
진실은 어디에 있을까요?

이에 대해 집중적으로 연구한
스탠포드 대학교 캐롤 드웩 교수의 결론은 이렇습니다.
'칭찬은 좋을 수도, 나쁠 수도 있다.
중요한 것은 칭찬의 방향이다.'

그는 아이들을 두 집단으로 나눠

모든 아이들이 쉽게 풀 수 있는 퍼즐 문제를 냈습니다.
다 풀고 난 뒤 한 집단에는 "똑똑하다"고 칭찬해주고
다른 집단에는 "열심히했다"고 해주었습니다.
이후 아이들에게 두 가지 문제를 내주면서
스스로 문제를 고르도록 했습니다.

한 문제에 대해서는
지난번 시험보다는 좀 어려운 문제지만
너희는 이미 한 번 풀어봐서 실력이 나아졌을 테니
잘 풀 수 있을 거라고 설명했고,
다른 문제는 지난번과 비슷한 쉬운 문제라고
이야기해주었습니다.

놀랍게도 "열심히했다"고 노력을 칭찬받은 아이들은
90퍼센트가 어려운 문제를 선택했습니다.
반면 "똑똑하다"고 지능을 칭찬받은 아이들은
대부분 쉬운 문제를 선택했습니다.
지능을 칭찬받은 아이는
계속 똑똑하다는 말을 들으려고 합니다.
그런데 그러려면 실수나 실패를 해서는 곤란하기 때문에
쉬운 쪽을 선택하려고 합니다.
그에 비해 노력을 칭찬받은 아이는

노력하는 것만으로 인정받았기 때문에
노력을 보여주기에 용이한
좀 더 어려운 문제에 도전했습니다.

결국 아이들은 무엇을 칭찬하는지에 따라
다른 행동을 취합니다.
이처럼 칭찬은 아이들이 다음 행동의 방향을 정하는 데
분명 영향력을 발휘합니다.
칭찬은 힘이 있습니다.
그런데 그 힘이 좋은 쪽으로 사람을 끌고 갈 수도 있고
나쁜 쪽으로 끌고 갈 수도 있습니다.

그렇다면 어떤 칭찬,
어떻게 하는 칭찬이 좋은 칭찬일까요?
무엇보다 결과를 가지고
잘잘못을 가려 칭찬하는 것은 좋지 않습니다.
그러면 상대가 내 평가에 휘둘리는 사람이 되기 쉽습니다.

좋은 칭찬은 상대가 스스로를 존중하도록 만드는 칭찬입니다.
자신에게 긍정적인 동기가 얼마나 많은지 알게 해주고,
자기가 어떤 노력을 해서 어떻게 달라졌는지
깨닫고 느낄 수 있도록 도와줘야 합니다.

좋은 결과가 아니라 그것을 가져오기 위해서 어떤 과정을 거쳤고
그 속에서 얼마나 성장했는지, 그 모습이 얼마나 자랑스러운지
알려주는 칭찬이어야 합니다.

이런 칭찬은 상대방을 진심으로 존중할 때 할 수 있습니다.
내가 상대를 존중하는 마음이 상대에게도 들어가
상대도 자신을 좀 더 존중할 수 있게 되는 것.
올바른 칭찬의 힘은 거기에 있습니다.

| 마흔두 번째 만남

칭찬과 비판,
무엇을 앞에 세워야 할까요?

많은 부모들이, 아이들의 잘못된 행동을 지적할 때
어떤 방법을 쓰면 좋을지 고민합니다.
물론 아무 고민 없이 바로 잔소리를 터뜨릴 때도 있지만
그래도 아이들에게 상처를 주지 않기 위해 좋은 방법을 찾습니다.

가장 흔히 사용하는 방법은
아이의 긍정적인 점을 먼저 말해주는 것입니다.

"엄마는 네가 이번 시험 준비를 열심히한 것은 알아.
하지만 막판에 제대로 정리를 못 했어.
다음에는 끝까지 노력하자."

일단 아이가 노력한 부분, 잘한 부분을 말해서
아이의 기분을 맞춰줍니다.
부모는 네가 잘한 부분을 알고 있고,
조금 뒤에 부정적인 이야기를 한다고 해도
너를 나쁘게 보는 것은 아니라는 뜻을 전하는 거죠.
이런 부모의 의도는 아주 좋습니다.
하지만 안타깝게도 효과까지 좋은 것은 아닙니다.

부모 입장에서는 아이가 잘한 부분을 앞에서 이야기한 뒤에
고칠 점 몇 가지를 말한 것이라고 생각하지만,
아이의 기억은 전혀 다릅니다.
아이는 엄마가 자신의 노력은 알아주지도 않고
잘못된 점만 비판한다고 생각하죠. 그래서 서운해합니다.

왜 이렇게 다르게 생각할까요?
그 이유는 '역행간섭효과' 때문입니다.
인간의 뇌는 부정적인 정보를 긍정적인 정보에 비해
훨씬 민감하게 받아들입니다.
부정적인 평가를 들으면 두뇌는 전면적인 경계태세로 들어가서
비판에 어떻게 대처할 것인지에만 집중합니다.
그러다보니 비판을 듣기 전에 입력이 된 정보, 즉 칭찬들은
장기 기억으로 넘어가지 못하고 사라집니다. 까맣게 잊는 거죠.

반대로 부정적인 평가를 들은 뒤에는
그다음에 들어오는 정보에는 더 강하게 집중합니다.
기억력도 나아져서 그때 들은 이야기는 오래 기억하죠.
예를 들어, "시험 막판에 집중을 못 했어. 그것은 부족한 부분이야.
초반에는 네가 노력을 많이 했잖아. 그래서 더 아쉬워.
다음엔 마지막까지 집중해서 노력한 결과를 꼭 얻어보자."
이렇게 비판을 먼저 하고 칭찬을 나중에 하면
비판도 격려하는 의미로 알아들어서 좀 더 잘해보려는
긍정적인 생각을 갖게 됩니다.

이와 같은 대화기술은 아이들에게만 해당하는 것은 아닙니다.
어른들의 경우에도 마찬가지죠.
칭찬이 먼저인가? 비판이 먼저인가? 답은 분명합니다.
비판으로 정신이 들게 한 뒤 좀 더 긴 칭찬으로 마무리하십시오.
물론 비판 이전에 짧은 칭찬의 도입부가 필요하겠죠.
그것이 긍정적인 동기를 강화하고 새로운 행동을 이끄는 데
보다 나은 방법입니다.

'짧은 칭찬 – 대안을 담은 중간 길이의 비판 – 긴 칭찬'
이 순서가 내가 할 말은 정확히 전달하면서도
상대의 긍정적인 동기를 높여 새로운 행동을 이끌 수 있는
보다 나은 방법입니다. ❀

| 마흔세 번째 만남

아이가 산타를 의심할 때
어떻게 해야 할까요?

어린 시절, 산타클로스의 존재를 언제까지 믿으셨는지요?
사람들에게 물어보면 한 번도 믿은 적이 없던 분들부터
초등학교 졸업 무렵까지 믿으신 분들까지 다양합니다.
오래 믿은 분들이라고 특별히 눈치가 없는 것은 아닙니다.
오히려 오랫동안 믿게 하려고 부모가 그만큼 정성을 쏟은 것이죠.
사실 선물을 준비해 아이가 모를 만한 곳에 숨겨두고,
아이가 자는지 확인해서 머리맡에 놓는 게 쉽지만은 않습니다.
사랑이 없다면 하기 어려운 일이죠.
이처럼 산타클로스는 부모가 아이에게 선물하는
사랑과 꿈의 상징입니다.

적지 않은 분들이 산타클로스 이야기를

아이에게 믿게 하는 것이 해롭다고 주장합니다.
어떤 경우에도 부모는 아이를 속여서는 안 되는데
산타클로스 흉내는 의도적으로 아이를 속이는 것이므로
아이가 부모에 대한 신뢰감을 형성하는 데 해로울 수 있다는 거죠.
그 외에도 현실과 상상을 구별하는 능력의 발달을 저해한다는 비판,
마법처럼 소망이 이뤄지는 환상을 오래 믿을 경우
어른이 되어서도 어려움에 부딪히면
환상적인 해결책에 자꾸만 기대게 된다는 비판 등
다양한 비판이 있습니다.

나름 생각해볼 여지가 있는 비판들이지만
아직 체계적인 연구를 통해 입증된 바는 없는 그저 우려입니다.
반대로 산타클로스는 아이들이 자라는 과정에서 꼭 거치게 되는
환상의 시기를 부모들이 인정해주며 함께 즐기는
일종의 놀이라는 주장도 있습니다.

아이들은 발달 과정에서 반드시 환상의 시기를 거칩니다.
초등학교 입학 전의 아이들에겐 많은 환상이 있는데
환상과 실제적인 현실을 명확히 구별하지 못하는 경우도 많습니다.
그렇다고 걱정스러운 일은 아닙니다.
아이들은 환상과 놀이 속에서
심리적인 어려움, 인간관계의 어려움을 해결하는

나름의 방법을 연습합니다.

산타클로스에 대한 믿음은
대개 초등학교 들어갈 무렵부터 약해집니다.
3학년쯤 되면 절반 이상이 믿지 않게 되고
5학년 무렵이면 대부분 믿지 않습니다.
텍사스 대학교 프렌티스 교수의 연구에 의하면
인과관계를 분명히 파악하게 될 정도로 인지능력이 발달하면
아이들이 더 이상 산타클로스를 믿지 않게 된다고 합니다.

부모들이 많이 하는 질문 중 하나가
'아이가 산타클로스를 의심하면 어떻게 해야 하는가'입니다.
간단합니다. 아이의 질문에 답이 있습니다.
아이가
"엄마, 친구가 산타가 없다고 했어요. 거짓말이죠?"라고 물으면
"응. 엄마는 있다고 생각해"라고 답을 하세요.

"엄마, 산타는 사실 엄마죠? 난 그런 것 같아"라고 물으면
"응. 우리 아이 다 컸네. 이제 산타 할아버지 흉내 그만두고
그냥 엄마가 선물을 줘야겠다"라고 하면 됩니다.

아이가 더 믿고 싶어 하면 더 믿게 해주세요.

아이들의 삶엔 환상이 무척 많고
아이는 그 시간을 아직 필요로 하는 것이니까요.
아이가 그만 믿고 싶어 하면 그만 믿도록 해주면 됩니다.
환상을 벗어나는 게 아프더라도 벗어나도록 격려해주세요.
현실이 결국 아이가 살아가야 할 곳이니까요.
사실 아이들 세 명 중 두 명은 산타가 없다는
자기 예상이 맞은 걸 확인했을 때
오히려 자부심을 갖는다고 합니다.
그러고서도 여전히 산타를 좋아하죠.

그럼 산타가 없다고 생각하는지, 있다고 생각하는지
전혀 표시를 하지 않는 아이에겐 어떻게 해야 할까요?
간단합니다. 그냥 그대로 두면 됩니다.
물어보지도 말고, 가르쳐주지도 마세요.
계속 지금처럼 가고 싶은 마음이 아이의 뜻이니까요.
**중요하지 않은 일, 위험하지 않은 일은
아이의 뜻을 따르는 것이 육아의 원칙입니다.**

| 마흔네 번째 만남

한 사람을 마음으로
이해한다는 것

"상대의 행동을 머리로는 이해하겠는데
마음으로는 받아들여지지 않을 때가 많아요.
이성적으로 생각해보면 '그럴 수 있지.' 하면서도
속으로는 왜 자꾸 저러나 싶어 불만이 쌓입니다.
이렇게 머리와 마음이 따로 노는 것은 왜 그럴까요?
그리고 이럴 때는 어떻게 해야 하는지 알고 싶습니다."

머리로라도 상대를 이해할 수 있다는 건 대단한 일입니다.
상대를 독립적인 존재로 생각하고,
그를 이해하고 싶은 마음이 있기에 가능한 일이죠.
이걸 넘어서 상대를 마음으로 이해한다는 것,
다시 말해서 상대를 있는 그대로 받아들인다는 것은

훨씬 어려운 일입니다.

사람은 다 다릅니다. 이걸 모르는 사람은 없습니다.
하지만 가깝지 않은 존재라면
나와 다르다는 게 문제가 되지 않겠죠.
가까운 존재이고, 내게 많은 영향을 미치는 존재이기에
다르다는 것이 문제가 됩니다.
그 사람이 나와 달라서 내가 피해를 입고 있기에
우리는 다르다는 것을 심각하게 느끼게 됩니다.
중요한 것은 내가 입고 있는 피해입니다.

여기서 피해에 대해 나누어 생각해봐야 합니다.
우선 실질적인 피해가 있습니다.
예를 들어 양말을 아무 데나 벗어둘 경우
그것을 내가 찾아 세탁통에 넣어야 하는 일이 자주 있다면
내가 피해를 입은 겁니다.
다음으로 심리적인 불편감이 있습니다.
나는 주말이면 나들이를 가고 싶은데
상대는 집에서 나가는 걸 싫어한다거나,
저녁을 먹고 나서 바로 이를 닦으면 좋겠는데
꼭 자기 전에 닦는다던지 하는 거죠.
이런 심리적인 불편감은 뒤집어보면 나뿐 아니라

상대도 내게 똑같이 느낄 수 있습니다.

우선 실질적인 피해가 있을 때는
이에 대해 시정을 요구하면 됩니다.
자기에게 피해가 있음을 분명히 말해주고
상대의 행동을 바꾸도록 요구해야겠죠.
싸우려들 필요는 없겠지만 단호한 말이 도움이 됩니다.
다만 감정적으로 상대를 비난하지 않도록 조심하세요.
내가 피해를 입는 부분을 말하고 시정을 요구하면 그만입니다.

어려운 건 심리적인 불편감입니다.
심리적인 불편감은 기본적으로 자신이 소화해야 할 몫입니다.
내 마음에 안 든다고 남을 바꿀 수는 없는 일이니까요.
설사 내가 생각하는 방향이 옳다고 하더라도
그것을 가벼운 조언으로 전달할 수 있을 뿐
상대에게 변화를 강요할 수는 없습니다.

이때 필요한 것은 대화입니다.
상대가 그런 행동을 하는 이유를 들어보고
그가 변화하고 싶은지 물어봐야 합니다.
변하고 싶은 마음이 있다면 격려해야겠죠.
하지만 변하고 싶지 않다면

그땐 아쉽지만 내 마음을 비울 수밖에 없습니다.

머리로는 이해하지만 마음으론 이해 못하는 일이 있다는 것은
상대가 변했으면 하는 마음이 아직 내게 많이 있다는 뜻입니다.
내가 상대를 더 받아들이기보다는
상대가 내 뜻을 받아들여 변하길 기대하는 거죠.
하지만 상대에게도, 내게도 변화는 어렵고 싫은 일이고,
지금 서로 변화하지 않고 그저 상대만 보고 있는 겁니다.

하지만 변화가 불가피하다면 어서 받아들여야 편합니다.
한 발짝 더 움직여서 내 머리에 내 마음을 맞추세요.
상대가 변하기를 바라는 마음을 버려보세요.
이왕 버린다면 서운함도 갖지 않는 편이 좋습니다.
내게도, 상대에게도 전혀 도움이 되지 않으니까요.
아무리 가까워도 사람은 다 다르구나, 생각해야 합니다.

상대가 변하기를 바라는 마음을 버린다는 것,
비록 시간과 에너지가 들고 아쉬운 일이지만
더는 늦출 수 없다면 포기에도 노력이 필요합니다. ❋

마흔다섯 번째 만남

결혼으로 인한
행복의 유통기한은 고작 2년?

인간은 시간이 가면 감각에 적응합니다.
문을 열고 들어갔을 때 심한 냄새를 느끼더라도
조금 지나면 아무렇지도 않게 생활할 수 있지요.
마찬가지로 반복적인 고통에 대해서도 시간이 가면 적응합니다.

그런데 행복도 마찬가지라고 합니다.
지극히 행복한 일도 시간이 지나면 곧 적응해서
애초에 느꼈던 행복감을 더 이상 느끼지 못합니다.

독일은 통일 이후
주민들의 경제적, 사회적, 심리적 변화를 확인하기 위해
2만 5천 명을 대상으로 꾸준한 추적조사를 했습니다.

대규모 인구의 장기 추적조사라 의미 있는 자료들이 많이 나왔는데
그중 결혼과 행복감에 대한 자료도 흥미롭습니다.

시카고 대학교의 연구진은 독일의 조사자료에서
연구기간 중 결혼을 한 1,761쌍에 대한 자료를 분석했습니다.
그 결과 미혼인 사람들은 결혼과 동시에
스스로 평가한 행복지수가 급격하게 상승했지만
이렇게 올라간 행복지수는 불과 2년 만에
다시 제자리로 돌아오는 것을 발견했습니다.
이걸 보자면 결혼이 주는 행복감의 유효기간은
고작 2년에 불과하다는 것입니다.

다른 행복도 마찬가지입니다.
같은 자료로 진행한 연구는 아니지만
복권에 당첨된 사람들을 대상으로 한 연구에서도
당첨으로 인해 올라간 행복감이
고작 1년 만에 당첨 이전의 상태로 돌아왔습니다.

이것만 살펴보자면 우리를 들뜨게 하는 사랑이란 것이
무슨 가치가 있을까 싶습니다.
사랑의 결실인 결혼조차 불과 2년밖에
우리를 행복하게 해주지 못한다면,

행복하기 위해서 우리는 2년마다 새로운 사랑을 하거나
아니면 수십 년을 의무감에 끌려다니며 살아야 할 겁니다.

그런데 연구를 자세히 살펴보면
그리 단순한 문제가 아닙니다.
통계상에선 행복감이 평균 2년 정도에 머문 것이 사실입니다.
하지만 개별적인 사례를 하나씩 들여다보면
어떤 사람은 8년이 지나도 행복감이 높은 수준으로 유지되었고,
어떤 사람은 결혼 후 1년 만에 행복이 바닥으로 떨어졌습니다.

그렇다면 행복감이 떨어지지 않은 사람들은
어떤 사람들일까요?

그들은 행복을 그저 당연한 것으로
받아들이지 않은 사람들입니다.
결혼을 하면 그것으로 다 이루었다고 생각한 사람들은
행복감이 점차 떨어졌습니다.
반면 결혼 이후에도 관계를 더 잘 만들어가려고
노력한 사람들은 행복감이 줄어들지 않았습니다.
서로 계속해서 사랑을 표현하고,
낭만적인 여행을 계획하고, 함께 취미를 나누며,
상대의 감정을 읽으려고 노력하는 부부,

다른 외부 일보다 서로에게 우선 주목해준 부부는
시간이 지나도 사랑은 물론 행복감도 높게 유지했습니다.

인간이란 행복에도, 즐거움에도 다 적응합니다.
아무리 좋은 일이라도 그 상태가 지속된다면
계속 행복을 느끼긴 어렵죠.
하지만 이런 적응과정을 늦추거나 줄일 수는 있습니다.
그리고 그 방법은 내게 주어진 행복을
당연하다고 여기지 않는 태도입니다.
행복을 느낀 순간이 소중하다면,
그 소중함이 거저 주어진 것이 아니라
행복하려는 노력에서 온 것임을 알고 계속 노력할 때
행복은 내게 계속 머물 수 있습니다. ❀

마흔여섯 번째 만남

문자 메시지를 엿보곤
배신감에 너무 힘들어요

"보지 말아야 할 것을 보고 배신감에 너무 힘이 듭니다.
그래서 상대에게 화를 내려 하니 그것 또한 힘이 들어요.
잠시 그 상황에서 벗어나 다른 걸 하며 저를 다스리려 해도
믿고 의지했던 사람에게 받은 상처를 조절하기가 어렵습니다.
어떻게 해야 제가 행복하게 잘 살아갈 수 있을까요?"

요즘 들어 가족이나 연인의 문자 메시지와 이메일을 본 뒤
실망과 배신감에 시달리는 분들이 많습니다.
상대의 외도를 확인한 심각한 상황도 있지만,
상대가 자기를 가볍게 속인 내용이나
자신에 대한 부정적인 말도 상처가 됩니다.
누구나 사랑받고 싶은 마음이 강하기에

상대가 이런 자신의 기대와 다를 때 상처를 받는 것이죠.

화는 나는데 그렇다고 몰래 봤다고 이야기하기도 어렵습니다.
그것 역시 상대를 의심해서 한 행동이거나,
프라이버시를 침해한 잘못된 행동이니까요.
가족끼리 무슨 프라이버시냐고 하는 분도 있겠지만
아무리 가족이라도 화장실에서 볼일 볼 때
몰래 엿봐선 안 되는 것과 마찬가지로
넘어서지 말아야 할 선이 있는 겁니다.

물론 사안이 심각한 일이라면 이것저것 고려할 겨를도 없을 겁니다.
무엇보다 내가 받은 상처가 중요하니 욱하기 마련이고,
상대의 부정을 알게 된 이상 지금의 관계를 유지할 수 없으니
못 본 척 말하지 않고 넘어갈 수는 없겠지요.
이런 진퇴양난의 상황이 감당하기 쉽지 않기에
애초부터 상대의 비밀은 들여다보지 말라고 하는 것인데,
상대를 온전히 소유하고 싶은 우리의 욕망이
우리에게 판도라의 상자를 열도록 만든 것이죠.

자, 중요한 건 이제부터입니다.
무엇보다 자기가 바라는 방향을 스스로 잘 알아야 합니다.
물론 대부분의 사람들이 원하는 방향은 뻔합니다.

말을 하고 나니 오해였음을 알게 되는 거죠.
하지만 그건 대개 내 소망 속에서나 가능한 일입니다.
그게 안 될 거라면 판도라의 상자를
열기 전으로 돌아가고 싶을 것입니다.
하지만 과거는 이미 사라졌고,
더 이상 그때로 돌아갈 수 없습니다.
과거의 그 사람도, 과거의 나도, 과거의 우리 관계도
더 이상은 없습니다.
이제 새로운 상황에 새롭게 적응해야 합니다.

지금의 아픔은 분명 상대가 내게 준 상처일 겁니다.
하지만 그것이 전부는 아닙니다.
중요한 것은 '새로운 나'로 변화하는 아픔입니다.
가재와 게가 탈피를 할 때의 고통처럼
새로운 상황을 맞아 다른 내가 되기 위해선 아픔이 필요합니다.
새로운 내가 어떤 나인지는 너무나 다양할 수 있습니다.
상대는 내 곁에 계속 남을 수도, 아니면 없을 수도 있습니다.

제게 한 말씀으로 미뤄볼 때
상대가 앞으로도 곁에 머물기를 바라시는 듯 보입니다.
배신감을 느끼고도 왜 그런 바람을 갖고 있을까요?
그럴 만하기 때문이겠죠.

그러나 정말 그럴 만한지 다시 한 번 충분히 생각해보십시오.
충분히 생각해도 그렇다고 답이 나온다면
이제는 내가 그 사람을 받아들이면서도,
더는 상처를 입지 않을
나와 관계, 두 가지 모두를 변화시켜야 할 것입니다.

그런 변화의 초입에 지금 서 계십니다.
힘들 수밖에 없겠지만 뒤로 물러날 수도 없고,
주저앉을 수도 없을 겁니다.
뒤로 가는 다리는 끊어졌고,
주저앉으면 세찬 비바람만 불 뿐입니다.

판도라의 상자가 열린 뒤
온갖 위험하고 나쁜 것들이 빠져나간 다음
마지막 남은 한 가지가 무엇인지 기억하시는지요?
홀로 남아 있던 한 가지는 '희망'이었습니다.
희망을 잃지 말고 힘을 내어 앞으로 나아가시길 바랍니다. ✽

| 마흔일곱 번째 만남

명절에 남편이 해선 안 될
세 가지 말

명절이 다가오면 늘어나는 것이 부부싸움입니다.
부부싸움이 불가피한 이유는
우리의 명절 쇠는 문화가 남성 중심이어서
아내들 입장에서는 손해를 보는 느낌이 들기 때문입니다.
이럴 때 남편들이 특별히 주의해야 할 말이 있습니다.

우선 첫째,
"우리 부모님, 원래 그렇게 살아오셨어.
그러니 당신이 좀 참아.
그 정도는 참을 수 있잖아."

그렇게 살아온 걸 모르는 건 아닙니다.

그렇다고 부인이 꼭 참아야 하는 것도 아니죠.
결혼 전에 미리 이야기하고 참겠다고
도장 받고 결혼한 것도 아니니까요.
부인은 남편인 당신과 결혼한 겁니다.
결혼 전에 시부모와의 결합을 진지하게 생각해보진 않았겠죠.
당신 역시 장인장모의 성격, 행동양식, 식습관을 고려해서
결혼을 해야 할지 생각한 것은 아닐 겁니다.

물론 부인이 참을 수는 있습니다.
그런데 참으라고 강요할 일은 아닙니다. 부탁을 해야죠.
"당신이 많이 힘들겠다. 나도 답답하고 할 말이 없다.
내가 뭐 도울 일이 없을까?"
적어도 이렇게 말하면 부인도 마음을 누그러뜨리고
해결책을 찾아볼 수 있을 겁니다.

누군가에게 양보를 바란다면,
상대가 직접 양보를 선택하도록 하세요.
그리고 그 선택을 고마워해야 합니다.
양보하지 않으면 안 된다고 밀어붙이는 것이
얼핏 보면 제일 일처리가 간단한 듯싶지만
영원히 상대의 마음을 살 수 없습니다.

둘째,
"어쩌다 한번 가는 시댁이 그렇게 싫어?
좀 편하게 생각해봐."

편하게 생각하라고 해도 편할 순 없습니다.
군대에서 막 내무반에 입소한 이등병에게 고참 병장이 와서
편하게 생각하라고 하면 정말 마음이 편해집니까?
며느리 입장에서 시댁과의 관계가 편하기란 쉽지 않습니다.
그건 며느리 탓은 아닙니다.
사회에서 며느리란 역할에 과도한 기대를 부여하기 때문이죠.
며느리는 행동을 조심해야 하고, 자기주장을 해선 안 되고
책임감이 강해야 합니다.
시댁 어른들이 이런 기대를 말로 구구절절 하지 않아도
며느리 스스로 자기를 통제합니다.
누구나 좋은 사람이고 싶고, 좋은 평판을 얻고 싶으니까요.
시키지 않아도, 심지어 따르지 않으면서도, 부담은 다 느끼게 됩니다.

여자에게 시댁은 부담입니다.
아무리 자주 가도 대개는 불편합니다.
그런 부담감, 싫은 감정까지 바꾸라고 요구하지 마십시오.
그것보다는 시댁에 다녀와서
당분간은 내가 집안일을 더 하겠다고 약속하거나

작은 선물이나 맛있는 밥 한끼를 쏘는 편이 더 낫습니다.

셋째,
"우리 부모님 정도면 좋은 편이지. 장인어른보다야 솔직히 낫지."

그 말이 객관적인 사실일 수는 있습니다.
하지만 객관적 사실을 말하는 것도 때로는 공격이고
상대에게 상처를 주는 일일 수 있습니다.
대부분 남편들이 이런 말을 꺼낼 때는
시댁에 대한 아내의 공격을 방어하고 싶을 때일 겁니다.
스스로는 최소한의 방어를 위해 합리적 잣대를 꺼냈다 하겠죠.
하지만 상대의 가장 약한 부분을 공격해서
물러나게 하려는 마음이 숨어 있는 겁니다.
당할 수만 없다고 찌른 겁니다.
아내도 자기 부모님이 어떤 사람인지 잘 알고 있습니다.
다만 그것을 굳이 남편에게 이런 상황에서 듣고 싶지는 않겠죠.

부모에 대한 비난을 들었다고 굳이 방어할 필요는 없습니다.
아내의 말이 공격이라 생각하지 않으면 됩니다.
힘드니까 푸념하는 것이고, 지치니까 예민해진 겁니다.
우리 모두가 그렇게 약한 존재지요.
뭔가 변호하지 않으면 부모에게 몹쓸 죄를 짓는 것 같으신가요?

그러나 부모를 변호해야 효자인 건 아닙니다.
차라리 아내와 화합하고 잘 살아야 효자가 됩니다.
당장에도 잘하고, 두고두고 부모에게 더 나은 모습을 보일 수 있습니다.

명절은 사실 여자들뿐 아니라, 남자들,
특히 남편에게도 힘든 면이 많죠.
그래서 더 예민해지고, 함부로 말을 하게도 됩니다.
하지만 말 몇 마디가 오히려 상처를 키우고
힘든 몸과 마음을 더욱 지치게 할 수도 있습니다.

| 마흔여덟 번째 만남

사랑 앞에 진정
솔직할 수 있을까요?

사랑하는 사이를 잘 지켜가기 위해
가장 중요한 것은 무엇일까요?
상대를 아끼고 배려하는 마음도 중요하고,
함께하는 시간을 재밌게 즐기는 능력도 중요할 것입니다.
그런데 그 무엇보다 사람들이 중요하게 생각하는 것은
신뢰일 것입니다.
흔히들 신뢰야말로 사랑의 기초라고 하지요.

서로를 신뢰하기 위해서는 우선 상대에게 정직해야 합니다.
정직하다는 건 숨김이 없고 속이지 않는 것이죠.
몰래 숨기면서 다른 사람을 만난다거나,
자신의 신상에 대해 중요한 거짓말을 하고 있다면서

사랑이라 말하긴 어려울 것입니다.
그런데 정말 사랑하는 사이의 연인들은 서로에게 정직할까요?

분위기를 좋게 이끌어가기 위한 악의 없는 거짓말이야
누구나 조금씩은 다 할 것입니다.
문제는 그런 작은 거짓말이 아닙니다.
자신도 모르게, 어쩌면 자기 자신까지 속이는 거짓말을 하면서
우리는 살아갑니다.

예전에 이런 광고 문구가 있었습니다.
"남자들이 자기 속마음을 털어놓기 시작하면,
5분도 지나지 않아 모든 여성들은 실망하게 될 것이다."
도대체 남자의 속마음이 어떻기에
모든 여성들이 실망하게 된다는 것일까요?

우리 사회에는 남자라면 이래야 한다,
또는 여자라면 이래야 한다는 고정관념이 있습니다.
예를 들어 남자는 작은 일에 흔들리지 않고 강해야 합니다.
잘난 체해선 안 되며, 자기 말에 책임을 져야 하죠.
정도의 차이는 있지만 여성들이 선호하는 남성도 이런 남자이기에
남자들 역시 이런 모습으로 스스로를 만들려고 애를 씁니다.
특히 사랑하는 사람 앞에선 더욱 '남자다운' 모습을 보여주려 애쓰죠.

하지만 그런 모습이길 소망한다고 해서
실제로 그런 모습을 갖게 되는 것은 아닙니다.
많은 남자들의 내면에는 자라지 못한 어린아이가 존재합니다.
두렵고, 흔들리고, 의지하고 싶은 어린아이가 있습니다.
그러나 이 아이를 드러내면 상대가 실망할 수 있기에
꽁꽁 숨긴 채 가면을 쓰고 상대를 만납니다.

여성의 경우에도 마찬가지입니다.
귀엽고 사랑스러우며, 자기 생각을 고집하지 않는 의존적인 존재,
상대의 마음을 배려하는 존재라는 가면을 써야
남자들이 좋아합니다.
본래의 자신은 전혀 그렇지 않더라도
상대를 만족시키고, 여성이란 역할 모델에 충실하기 위해
가면을 쓰고 생활합니다.

가끔은 이런 자신이 답답하지만
가면을 벗었다가는 사랑을 이룰 수 없을지 모른다는 불안에
가면을 쓴 모습을 자신이라고 생각하며 살아갑니다.

관계가 확고해진 다음에야
비로소 본래의 모습을 내어놓죠.
하지만 그 결과는 행복하지 않습니다.

여자는 남자에게, 그리고 남자는
자기를 받아주지 않는 여자에게 실망하고 멀어집니다.

이렇게 우리는 사랑을 하면서 서로를 속입니다.
서로를 속일 뿐 아니라 자신도 속입니다.
두렵고 불안하기에 가면을 쓴 채 서로를 만나다가
가면을 벗어도 좋을 때가 되면 사랑까지 함께 벗어버립니다.

물론 그래서야 곤란합니다.
더욱 솔직하게 만날 수 있는 관계가 필요합니다.
내 있는 그대로를 내놓아도 나를 사랑할 수 있는 사람.
그 사람이 있는 그대로의 약한 모습을 보여도
사랑할 수 있는 나여야 진실한 사랑이라 할 수 있습니다.
그리고 진실한 관계에서만이 편안할 수 있습니다.
진실한 관계에선 가면을 쓰고 있느라 드는 에너지가 필요하지 않기에
남는 에너지는 모두 상대를 그리고 나 자신을
더 깊게 사랑하는 데 쓸 수 있으니까요.

어차피 우리가 사는 세상에 진실한 관계가 얼마나 되겠습니까?
최소한 사랑 안에서라도 위선을 지키느라 스트레스 받지 않고
진짜 나를 보일 수 있어야 합니다.
그럴 때만이 비로소 사랑을 구원이라 말할 수 있을 것입니다.

| 마흔아홉 번째 만남

거절하는 것도
연습이 필요합니다

거절을 못 하시는 분이 무척 많습니다.
거절을 못 해서 울며 겨자 먹기로
일을 떠맡아서 고생하기도 하고,
어렵게 거절한 것이 꼭 화내듯이 해서
중요한 관계를 망치는 경우도 있죠.
거절은 그저 일에 대한 것일 뿐인데도
이상하게도 하는 사람이나, 받는 사람이나
사람 전체를 쳐내는 것처럼 느껴져 영 쉽지 않습니다.
왜냐하면 인간이란 자신의 모든 것을 인정받기를 원해서
작은 거절도 상처로 느끼기 쉬운 존재이기 때문입니다.

그래도 거절은 꼭 필요합니다.

나는 나고 상대는 상대인데,
거절을 못하면 내가 상대의 부속품처럼 될 수 있습니다.
그러면 점차 상대가 부담스러워지고
결국 관계가 엉망이 되고 맙니다.
상대가 알아서 배려하면 좋겠지만
그 정도로 남을 생각하는 사람이란
현실적으로 찾기 어렵습니다.
차라리 적절하게 거절하는 방법을
꾸준히 연습해두는 것이 현명합니다.

우선 그동안 상대의 말을 꾸준히 들어왔다면
과감히 안 된다고 말해서도 좋습니다.
지금까지 충분히 해왔기에 당연히 그럴 권리도 있습니다.
예를 들어 그동안 내게 많은 일을 시켜온 선배가
동문회 총무 일을 또 부탁했다면 어떻게 거절할까요?
"선배님, 절 좋게 봐주셔서 이런 일을 부탁하고 고맙습니다.
 하지만 그동안 몇 가지 바깥일에 치중하느라
가족을 못 챙겨서 지금은 가족에게 봉사를 해야 합니다."
이때 주의할 점은 미안하다는 말을 붙이지 말아야 합니다.
미안하지 않을 때 미안하다는 말을 붙이면
공연히 기대를 갖게 해 상황을 복잡하게 만들 수 있습니다.

만약 그렇게 가까운 사이가 아니라면
시간 여유를 두는 방법이 도움이 됩니다.
우선 잠깐 생각할 시간을 갖겠다고 말하십시오.
"좋은 생각인데 하루이틀 좀 생각하고 이야기를 드릴게요."
시간이 주어지면 내 마음을 정확히 정할 수도 있고,
거절을 할 때도 단정하지만 분명한 태도를 보일 수 있어
성공률이 높습니다.

또한 거절을 할 때 대안을 제시하는 방식을 사용하면
상대가 편하게 받아들이는 데 도움이 됩니다.
나대신 할 수 있는 적절한 사람을 추천하거나,
내가 그 일은 못 하지만 다른 일을 돕겠다고 하면
부드럽게 상황을 넘길 수 있습니다.

유난히 거절을 못 하는 분들이 있습니다.
그런 분들은 대개 자신이 거절을 당할 때도 많이 힘들어합니다.
거절을 당할까봐 아예 부탁 자체를 안 하기도 하고요.
하지만 거절을 상대의 당연한 권리로 생각해
자연스럽게 받아들이고 가볍게 넘기십시오.
그것이 내가 상처받지 않고 상대도 존중하는
건강한 인간관계의 기본적 태도입니다. ✽

| 쉰 번째 만남

이별을 예측하는
가장 결정적인 요인

사랑을 고백하는 연인들의 애틋한 표정을 보고 있노라면
언제까지나 사랑을 지켜갈 것만 같아 흐뭇합니다.
하지만 모두가 알다시피 영원한 사랑이란 쉽지 않고,
사람들 앞에서 맺은 결혼의 약속조차
현실에선 그리 튼튼하지 않습니다.

워싱턴 대학교의 존 가트맨 박사는 왜 사랑하는 사람들이
결국 헤어지게 되는지를 집중적으로 연구했습니다.
보통 이혼한 사람들에게 물어보면
헤어짐의 가장 큰 이유는 성격 차이입니다.
하지만 가트맨 박사의 의견은 다릅니다.
그에 의하면 대부분의 부부는 다른 성격을 갖고 있고,

그로 인해 갈등을 겪지만, 그것이 헤어짐의 이유는 아닙니다.

가트맨 박사가 가장 주목한 것은 상대에 대한 태도였습니다.
그는 결혼 직전의 연인들의 대화를 촬영한 뒤
그중 어떤 특정한 행동이나 태도가
향후 부부관계의 지속성을 예측할 수 있는지를 분석하였습니다.
그 결과 부부 중 어느 한쪽이
상대를 경멸하거나 냉소적인 태도를 보였던 경우
이혼의 가능성이 매우 높다는 것을 발견하였습니다.

경멸이란 존중의 반대말입니다.
대화에서 경멸하는 태도란
상대의 말에 대해 길게 들으려 하지 않고
비웃거나 조롱하며 비난하는 것을 말합니다.
그런데 왜 사랑하는 사이라면서 상대를 경멸하는 것일까요?
그 이유는 경멸하는 사람은 자신이 경멸하고 있다는 것을
모르기 때문입니다.

사랑은 뭐니 뭐니 해도 상대의 매력 때문에 시작합니다.
싫은 점이 있어도 매력 때문에 사랑에 빠져들게 되죠.
하지만 사랑이 어떻게 끝나는지에는 매력이 중요하지 않습니다.
그 끝은 자기와는 다른 상대를 받아들이는 태도가 결정합니다.

누군가가 내 마음에 들지 않는 행동을 했을 때
우리는 보통 두 가지 방법으로 대응합니다.
잘못된 행동은 분명하게 지적하지만,
잘못한 사람에겐 부드럽게 대하는 것이 하나고,
반대로 행동에 대해서는 별로 지적하지 않은 채
행동을 한 사람을 주로 비난하는 것이 다른 하나죠.
관계가 자주 깨지는 분들 중에는 후자의 경우가 많습니다.
죄는 미워해도 사람은 미워하지 말라고 하지만
죄는 두고 죄지은 사람만 주로 미워하는 분들이죠.
이런 사람과 같이 지내면 상대는 반복적인 비난에 시달리고,
그러다보면 점차 자기가 못난 존재인 것만 같아 괴로워집니다.
그리고 그 괴로움을 끝내기 위해 싸움이나 이별을 선택하죠.

이에 대한 해결책은 간단합니다.
지금 자기의 대화법을 진지하게 살펴봐야 합니다.
나는 상대의 잘못에 대해, 잘못은 분명히 지적하지만
인간적으론 부드럽게 대하고 있나?
아니면 잘못을 저지른 상대를 미워하며
비난과 원망을 집중하고 있나?
만약 후자라면 관계는 이미 빨간 불이 들어와 있는 겁니다.

연인이 내게 잘못을 했을 때 그의 잘못은 부정적으로 보더라도

그 사람만큼은 소중하고 높게 여겨야 합니다.
사람은 누구나 실수를 하고, 문제를 갖고 있고, 약한 면이 있습니다.
그리고 내 앞의 연인은 내가 기다려 선택한, 사랑하는 사람입니다.
잘못과 약점에도 불구하고 상대를 존중하며 변화를 기다려야
내가 선택한 사람이란 단어에 부끄럽지 않습니다.
물론 사랑도 변합니다. 하지만 사람도 변합니다.
사람의 변화를 믿지 않으면 사랑이 결국 변한다는 것,
잊지 말아야 할 사랑의 법칙입니다.

| 쉰한 번째 만남

상처를 주지 않고
헤어질 수 있을까요?

"5년도 넘게 사귄 연인과 이별하려 하는데 용기가 나지 않습니다.
저는 그에게 확신이 없고 그는 이런 나에게 실망을 하고 있습니다.
그동안 제게 상처를 많이 받아서인지
그도 요즘에는 저를 대하는 태도가 예전 같지 않습니다.
이럴 거면 차라리 헤어지는 것이 낫겠다는 생각이 드는데
그렇다고 안 좋게 끝내고 싶진 않습니다.
상대가 상처를 덜 받으면서도 저 역시 상처받지 않고 이별할 수 있는
좋은 이별법이 없을까요?"

좋은 마음이 들어서 만났겠지만,
내가 원하는 사랑이 상대가 원하는 것과 다를 수도 있습니다.
사랑이란 서로가 절실해야 행복한 법인데

서로가 가진 마음의 무게가 달라서 한쪽으로 기운다면
행복을 오래 지켜가긴 어렵습니다.
사랑이란 억지로 되는 것은 아니니까요.

그럴 때의 답은 헤어지는 겁니다.
그리고 헤어짐은 당연히 아픔을 동반합니다.
아프지 않은 헤어짐이 있다면 그것은 사랑이 부족한 증거일 뿐입니다.

제게 사연을 주신 분은 헤어지고 난 뒤 아마도
가슴이 많이 아프진 않을 겁니다.
외로움을 아픔이라 착각할 수는 있겠지만,
이미 어떻게 잘 헤어질까 고민하는 상태라면
사랑이 식은 지 오래일 테니까요.
어쩌면 지금은 상대 분도 많이 아프지 않을 겁니다.
헤어짐의 아픔을 덜기 위해 사랑을 줄여가고 있고,
그것이 방어적인 태도로 나타나고 있으니까요.

진정 사랑한다면 아프지 않고 헤어질 수는 없습니다.
아픔이 아무리 괴롭더라도 그것이 바로 사랑의 증거니까요.
사랑이란 내 영혼의 일부를 떼어 상대에게 주는 것이고
이별은 내가 준 영혼을 상대가 갖고 멀리 떠나가는 겁니다.
이별이란 상대를 잃는 것이 아닙니다.

상대에게 보낸 내 영혼을 잃는 것입니다.
그래서 실연의 아픔은 내 몸의 일부가 떨어져 나간 듯 아픕니다.
이별이 아프지 않으려면 사랑하기에 상대에게 보냈던
내 마음을 다 거둬들이면 가능합니다.

상처를 주지 않고 헤어지고 싶다고 하셨습니다.
상대를 걱정하고 배려하는 마음도 그 안에 분명 있을 겁니다.
하지만 한편에는 나쁘게 보이고 싶지 않은 마음도 있을 겁니다.
그런데 그것은 너무 이기적인 생각입니다.
내가 나쁜 사람이 되지 않으려고
상대의 시간을 하염없이 빼앗는 행위입니다.
어쩌면 지금으로선 나쁜 사람이 되는 것이
내가 상대에게 줄 마지막 선물일 수 있습니다.

물론 일부러 상처를 줄 필요는 없겠죠.
하지만 내 마음을 솔직하게 내보여서
상대가 아픔 끝에 날 마음껏 욕하게 해줘야 합니다.
그렇게 나를 깨끗이 잊도록 도와줘야 합니다.
이것이 진짜 상대를 걱정하는 속깊은 행위일 겁니다.
좋은 역할을 할 수 없다면 나쁜 역할을 받아들이는 것,
사랑 이전에 한 사람의 어른이 배워야 할
가장 기본적인 태도입니다. ❀

| 쉰두 번째 만남

직장에서
따돌림을 당하고 있다면

학교의 왕따가 큰 사회문제가 되었지만
직장에서의 따돌림도 만만치 않습니다.
특히 누군가 윗사람이 날 안 좋게 보고
계속 불편하게 대할 때는 회사에 나가기 딱 싫어지죠.
목구멍이 포도청이라 안 나갈 수도 없지만
출퇴근길에 자꾸만 로또 판매점에 눈길이 갑니다.

그럴 땐 누구나 처음엔 자기에게 어떤 문제가 있을까,
생각하게 됩니다. 올바른 태도입니다.
혹시 나도 모르게 잘못을 했거나,
오해를 살 만한 행동이 있었다면 알고 있는 편이 좋으니까요.
앞으로 영영 안 봐도 좋은 사이가 아니고

자주 보고 함께 일해야 하는 사이니까
오해는 풀고, 잘못은 사과하는 것이 현명합니다.

따라서 한 번쯤은 용기를 내어
둘이 이야기할 기회를 만들어보십시오.
같이 마음 상해서 피한다거나, 다른 사람들에게 우회적으로
불만을 이야기하면 문제가 악화될 수 있습니다.
따로 만나서 혹시 불편하신 점이 있다면
알고 고쳐보겠다고 진솔하게 이야기하는 편이 낫습니다.

문제는 그렇게 말을 해도 해결이 되지 않을 때입니다.
상대가 여전히 별다른 이유는 말하지 않고 피한다거나,
상대가 말하는 내 잘못이란 것이
나로선 도저히 잘못이란 생각이 안 들 때가 그렇겠죠.

그럴 때는 잘 버티는 것이 중요합니다.
처음엔 그 사람의 말에 영향을 받아
모두가 날 미워하고 피하는 것 같아 불안하지만
시간이 가면 그렇지 않다는 것을 알게 됩니다.
드러내어 날 편들지 못할 뿐
모두 나를 싫어하는 것은 아닙니다.
상황이 변하면 나를 미워하는 상대가 떠날 수도 있고,

회사에서 별 영향력이 없어지는 때도 오기 마련입니다.

물론 한 번쯤은 이곳에 계속 남아야 하나 따져봐야 합니다.
나의 적성, 취향이나 현실적 가능성을 생각해보고
무엇보다 나를 괴롭히는 상대가 여기 없다고 가정한 뒤
그때는 이 일을 즐겁게 할 수 있을지
스스로에게 물어봐야 합니다.
그래서 이 일이 내게 맞고,
이 직장이 내게 필요하다는 결론을 내렸다면
그때부터는 흔들리지 않는 편이 좋습니다.

이 과정에서 중요한 것은
무엇보다 스스로를 문제라고 보거나
무능하다고 여겨선 안 된다는 겁니다.
자기의 잘못이 있는지 한번쯤 성실히 들여다보았다면
그 이후엔 더 이상 자기를 탓하느라
많은 시간을 들이지 말아야 합니다.

그보다는 내게 힘을 주는 관계를 탄탄히 만들어야 합니다.
직장 밖의 사람들도 좋고 가족들도 좋습니다.
직장에서 받은 스트레스를 가족에게 풀지 말고
가족과 친구 들에게 스트레스를 솔직히 이야기하고

지지를 받는 쪽이 좋습니다.

같은 업종에 종사하는 다른 직장 사람들과의
적극적인 교류도 도움이 됩니다.
사람은 아무래도 인정받지 않으면 살기 어려운 존재니까요.
이런 노력들은 우리에게 더 발전된 관계를 선물하고
뭔가 다른 기회를 만들어주기도 합니다.
이렇듯 한 곳에서 무엇을 잃으면
다른 곳에서 무언가를 얻는 것이 인생입니다.

사주에 보면 '10년 대운'이란 말이 있습니다.
운명의 큰 줄기는 10년 주기로 변화한다는 의미죠.
그 말이 사실일지는 모르겠습니다.
하지만 지금 풀리지 않는 이 순간이 내게 분명 가혹한 운명이지만,
그 운명도 분명 끝이 있다는 사실을 잊지 마십시오.
지금 이 시간을 내실을 다지는 시간으로 가꿔가신다면
분명 다음 순간엔 지금과는 다른 운명이
날 기다리며 웃고 있을 것입니다. ❀

| 쉰세 번째 만남

날 괴롭히는 상사를
견뎌내는 방법

살다보면 보고 싶지 않은 사람도
계속 만날 수밖에 없습니다.
별것 아닌 일로 자신에게 비난을 퍼붓는 상사라던가,
예상치 못한 꼬투리를 잡아서
기분을 상하게 하는 동료들이 그렇죠.

이런 일을 당하면 그냥 속으로 재수 없다고 생각하며
쉽게 털어버리는 분들도 있겠지만
어떤 분들은 그 순간이 마음에 남아 계속 불편해합니다.
특히 윗사람이 심하게 화를 내면
그 순간이 너무 괴로워서
그 사람을 제대로 바라보기도 어렵고

내일이면 회사에 다시 가야 한다는 것이
지옥 같다고 말하는 사람도 있습니다.
마치 밤길을 가다 폭행을 당한 경험이 있는 사람이
밤에 외출할 일이 생기면
두려워 피하려 하는 것과 마찬가지 모습입니다.

더 안타까운 것은 상사는 그렇게 심하게
비난을 했다는 사실조차 잊어버리고
아무렇지도 않게 생활하는데
당한 사람만 계속 괴로워할 때입니다.
너무나 억울한 상황이죠.
그렇다고 그 사람에게 따져봐야 변하기도 어려울 것 같고,
자칫하면 다시 한 번 더러운 꼴을
당할 수도 있는 상황이라면 어찌해야 할까요?
그럴 땐 차라리 상사의 안 좋은 성격에 무덤덤해지고
내 마음에서 그를 내모는 편이 낫습니다.

상담에선 이런 상황에서 노출요법을 권유합니다.
그 첫 단계는 복식호흡을 충분히 연습하는 겁니다.
복식호흡은 들숨과 날숨에 집중하며 천천히 숨을 쉬어
몸과 마음을 편안히 이완시키는 데 상당히 좋은 방법입니다.
복식호흡을 며칠간 충분히 연습하여

호흡으로 마음을 안정시킬 수 있다는 자신감이 생기면
이제 상황 훈련을 합니다.
예를 들어 밤에 폭행을 당한 경험이 있는 사람이라면
그 장소를 떠올리며 호흡을 합니다.
그 장소를 떠올려도 호흡이 안정되고
마음이 편안해질 때까지 숨을 쉽니다.
그후 그때의 상황을 떠올리며 호흡을 하고,
다음엔 직접 그 장소에 가서 호흡을 연습하는 식으로
노출의 정도를 높여가는 겁니다.
더 이상 어두운 두려움의 창고에 두려운 기억을 넣어두지 않고
편안한 느낌과 연결시키는 치료 방법입니다.

성격 나쁜 상사의 경우도 마찬가지로 하면 됩니다.
그 상사가 나를 감시하고 뒤에서 쳐다보는 순간,
내게 함부로 대하는 순간을 최대한 사실적으로 적어보세요.
그리고 그 이미지를 떠올리며 호흡 연습을 합니다.
두려운 이미지, 재수 없는 이미지를 그대로 떠올린 채
호흡을 해서 편안한 상태에 도달해봅니다.
자꾸 연습하면 분명 효과가 있습니다.

물론 이후에도 상사를 보면 여전히 기분은 나쁠 겁니다.
하지만 예전처럼 두려워 피하고 싶은 정도는 아닙니다.

좀 더 쉽게 무시할 수 있는 힘을 만드는 것이야말로
자신을 지켜가는 가장 중요한 힘을 갖게 되는 것입니다. ❁

| 쉰네 번째 만남

'나'를 사랑하기 위해
'너'가 필요합니다

심보선 시인의 〈'나'라는 말〉이란 시는 이렇게 시작합니다.

나는 '나'라는 말을 썩 좋아하진 않습니다.
내게 주어진 유일한 판돈인 양
나는 인생에 '나'라는 말을 걸고 숱한 내기를 해왔습니다.*

우리 모두는 '내 생각은 이래.' '난 좀 다르게 느꼈는데.' 하며
나를 주어로 넣어 많은 이야기를 합니다.
남과 다른 내 생각과 감정이 있다는 것,
그것을 인정받고 싶어 하는 우리의 욕망은 매우 절실합니다.
때론 자기 주장을 분명히 하지 못하고 입을 닫고 있지만
이 역시 내 주장을 이야기했다가 무시를 받을까봐

겁을 내서 말하지 못하는 경우가 대부분입니다.

세상에 태어나 우리는 결국 혼자서 살아가야 합니다.
누구도 영원한 나의 편이 될 수 없기에
나 혼자 '나'를 지키기 위해 우리 모두는 애를 씁니다.
그래서 지치고, 그래서 외롭고, 그래서 늘 남이 그립습니다.
나를 인정해주는 남이 그립습니다.
같은 시의 중간에는 이런 구절이 있습니다.

하지만 내가 '나'라는 말을 가장 숭배할 때는
그 말이 당신의 귀를 통과하여
당신의 온몸을 한 바퀴 돈 후
당신의 입을 통해 '너'라는 말로 내게 되돌려질 때입니다.
나는 압니다. 당신이 없다면
나는 '나'를 말할 때마다
무無로 향하는 컴컴한 돌계단을 한 칸씩 밟아 내려가겠지요.

그렇습니다. 시인이 말하듯 '나'는 나를 인정하는 '너'가 있기에
허무로 빠져들지 않습니다.
내가 어떤 생각을 가졌다, 내 감정이 어떻다 말해봐야
무슨 소용이 있겠습니까? 나 혼자 하는 말이면 그냥 사라질 뿐이죠.
누군가 내 말을 듣고 '아, 너 생각이 그렇구나.'

'너는 그렇게 느꼈구나'라고 받아주는 순간
'나'는 의미를 갖게 됩니다.
물론 그 상대가 단지 귀로만 듣는 것이 아니라
자기 온몸으로 내 이야기를 들어주어야 진짜 들은 것이겠죠.

그렇게 나를 들어주듯, 나도 '너'의 말을 듣고
그래서 너에게 나 역시 의미 있는 존재가 될 수 있다면
'나'란 존재도 숭배할 수 있는 대단한 존재인 것입니다.

내 옆에 어떤 '너'가 있습니까?
혹시 아무도 없지는 않으십니까?
만약 아무도 없다면 분명 자기에 대해 말할 때 더 허무하실 겁니다.
내 말을 받아 '너는 말이야' 하고 이야기를 해줄 사람,
나 역시 그의 말을 받아 '너는 말이야' 하고 이야기를 들려줄 사람,
그런 사람이 우리에게 필요합니다.
서로의 눈을 바라보며, '너'라고 불러줄 수 있는 사람,
가족이든, 친구든, 아니면 연인이든 내게 의미를 줄 사람,
그런 사람이 우리에겐 꼭 필요합니다.

* 이 글을 쓰는 데 영감을 준 심보선 시인의 시 〈'나'라는 말〉은 그의 시집 《눈앞에 없는 사람》(문학과지성사, 2011)에 수록되어 있습니다.

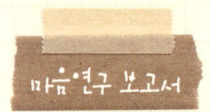

여자가 남자보다 덜 공격적이라고요?

오랫동안 남자가 여자보다 공격적이라는 주장이
정설로 받아들여져 왔습니다.
원시시대부터 남자는 사냥과 전투를 하고,
여자는 육아와 살림을 하였으니
여자보다 남자가 공격성이 높은 건 당연하다고 생각했죠.
신체적으로도 남자가 여자에 비해 몸도 크고 근육도 발달해
싸움에 적합한 것은 사실입니다.

하지만 정말 남녀 간의 공격성에 차이가 있을까요?
프린스턴 대학교의 제니퍼 라이트데일과 데보라 프렌티스는
게임을 이용해 남녀의 공격성을 확인해보았습니다.

게임 초반에는 눈에 보이지 않는 적이
자신에게 폭탄을 투하하면 그것을 피하는 것이고,
후반에는 자신이 폭탄으로 복수할 기회를 갖는 내용입니다.
연구진은 게임 초반에 엄청난 폭탄세례를 가해
참가자들의 화를 돋우고 공격성을 자극하였습니다.

참가자들을 미리 두 집단으로 나누었는데

한 집단은 각자에게 커다란 이름표를 나눠주고

사람들 앞에서 가족관계나 출신지역과 같은 사적인 질문에 답하도록 했습니다.

또한 여러 사람 앞에서 참가자의 성별을 크게 말해주고

게임을 할 때도 연구진이 지켜보는 가운데 하도록 했습니다.

다른 집단은 이름도, 성별도, 다른 어떤 사적인 정보도 묻지 않고

게임 역시 아예 연구진이 없는 상황에서 하도록 했습니다.

두 집단 중 자신에 대해 사람들 앞에서 노출한 집단에서는

남자들에 비해 여자들은

훨씬 적은 폭탄을 사용해 복수를 했습니다.

반면 자신이 누군지 밝히지 않고 게임을 한 집단에서는

남자와 여자가 사용한 폭탄의 개수에 차이가 없었습니다.

'여자는 이래야 한다'는 고정관념의 영향을 받을 때와

익명성 속에 숨을 수 있을 때

여자들의 행동은 크게 차이가 났습니다.

다른 사람을 의식해서

자기의 공격성을 억누르는 모습을 보였죠.

물론 개인정보를 밝히지 않고 게임을 한 집단의 경우에도

자기가 한 게임에 대해 평가를 하도록 시키면

여자들은 자신들이 남자들에 비해 게임실력이 낮다고 평가하고,
스스로 별로 공격적으로 행동하지 않았다고 보았습니다.
실제 게임실력에는 차이가 없었고 공격적 성향도 비슷했지만
다른 사람 앞에서 하는 평가의 내용은 달랐던 거죠.
이처럼 우리는 굳이 남이 말하지 않아도
자기 스스로 고정관념에서 자유롭지 못합니다.

기존의 심리학 연구에선 여자가 화를 더 잘 참고
남자는 화를 그대로 표출한다고 말해왔습니다.
그러나 이는 사회적인 제약 때문이지
여자와 남자의 생물학적 본성이라고 말하기는 어렵습니다.

인간이란 자기에게 기대하는 모습에 맞춰 행동하려고 합니다.
기대를 저버릴 때 받게 될 불이익을 두려워하기 때문이죠.
하지만 그로 인해 자기의 본성을 억눌러야 하고
그 결과 자기의 가능성을 충분히 꽃피우지 못할 수 있습니다.

많은 사람들이 이래야만 한다는
보이지 않는 족쇄에 매여 살아갑니다.
하지만 있는 그대로 자기를 표현할 수 있도록 돕는 것이
개인에도, 사회에도 더 큰 도움이 될 것입니다.

마음연구 보고서

같은 크기의 고통을 받으면
누구나 똑같이 괴로울까요?

같은 크기의 고통이라면 누구나 똑같이 느낄까요?
하버드 대학교 교수인 커트 그레이와 덴 웨그너는 이런 실험을 했습니다.
학생들에게 전기충격기를 연결하고, 다섯 번의 전기충격을 가했습니다.
물론 상당히 고통스러운 충격이었죠.
그런데 그중 절반에게 이렇게 말해주었습니다.
옆방에 있는 사람이 충격 버튼을 누르는데
그 사람은 버튼을 누르며 충격을 준다는 사실을 모른다고.
그리고 나머지 절반에겐 다르게 말하였습니다.
옆방의 사람들이 당신에게
고의로 충격을 주려고 버튼을 누르고 있다고.

두 그룹은 정반대의 반응을 보였습니다.
충격 버튼을 누르는 사람이 고통을 줄 의도가 없다고 믿은 사람들은
첫 번째 충격에는 무척 힘들어 했지만 충격이 거듭될수록
처음에 비해 점차 작은 고통을 느꼈습니다.
반면 상대가 악의적이라고 생각한 사람들은 충격이 반복될수록
더 많은 고통을 느꼈습니다.

전기충격의 강도는 모두 같았는데 사람들이 느낀 고통은
전혀 달랐습니다.

누군가 일부러 나에게 고통을 준다고 느낄 때
사람은 더 많이 괴로워합니다.
당할 때마다 원한이 생기고 원한은 고통을 더 느끼게 합니다.
하지만 누가 일부러 고통을 주는 것이 아니라 어쩔 수 없는 일이라고
생각하면 사람들은 고통에 점차 익숙해집니다.

불교에서는 인생을 고해라고 합니다.
우리의 삶은 질병과 사고, 예상치 못한 어려움,
예상은 했지만 견디기 힘든 순간들의 연속입니다.
물론 이 시간들이 전부는 아닙니다.
즐거운 순간도 있고 기쁜 순간도 있죠.

하지만 고통의 시간을 어떻게 보내느냐에 따라
우리가 느끼는 삶의 질은 큰 차이가 납니다.
고통을 누구나 겪게 되는 당연한 것이라고 여길 때
우리는 고통의 와중에도 작은 즐거움을 찾아갈 수 있습니다.
반면 누군가 나를 의도적으로 괴롭힌다고 생각할 때는
견디기 어려워집니다.

사람은 고통을 느끼면서도 그 근원을 생각하고

근원이 무엇인지에 따라 다르게 반응합니다.

이런 이유로 우린 전쟁 중에도 웃고 즐길 수 있지만

윗집에서 들리는 소음은 견디지 못할 수 있습니다.

윗집에서 나를 괴롭히려고 일부러 소음을 낸다고 느끼는 순간

작은 소리도 천둥소리처럼 들립니다.

지금 우리 사회는 과도하게 매정합니다.

저 사람이 나를 일부러 괴롭히고,

부당한 대우를 하고 있다고 느끼도록 돌아갑니다.

그러다보니 개인이 느끼는 고통은 과거 어느 때보다 더 큽니다.

더 어렵게 살던 시절보다 지금이 더 괴롭습니다.

사람을 존중하지 않고 의도적으로 괴롭히기 때문입니다.

고통은 불가피할지 모릅니다. 그럴수록 더 많은 설명이 필요합니다.

남의 위에 앉은 사람일수록 자신이 악의를 가진 것은 아니라는 것,

고통을 함께 나누려고 하는 마음이 있다는 것을 보여줄 때

우리는 고통의 시대를 덜 아프게 건널 수 있습니다.

4

감정에
휩쓸려간
하루

| 쉰다섯 번째 만남

당신의 마음은
당신 편인가요?

당신의 마음은 당신 편입니까?
마음을 치료하는 정신과 의사로서 저는
하루에도 몇 번이나 제 앞에 앉은 분들에게 물어봅니다.

"당신의 마음은 당신 편인가요?"

우리는 누구에게든 의지하고 싶습니다.
힘든 일이 있으면 위안을 받고 싶고,
좋은 일이 있으면 누가 칭찬해주었으면 합니다.
불안할 땐 누군가 손을 잡아주었으면 싶고,
앞장서 나갔을 때는 박수를 받고 싶습니다.
우리가 아주 어릴 땐 부모님이 그런 역할을 해주었습니다.

그러나 나이를 먹고 스스로의 힘으로 세상과 마주하게 되면
그런 역할을 해줄 사람은 자기 자신밖에 없습니다.
그러므로 내 스스로 나를 위로하고 칭찬도 해줘야 합니다.

부모님도 내 마음에 꼭 들게 날 대해주지 못할 때가 많습니다.
하물며 다른 사람들이 내 입맛에 꼭 맞게 대해줄 수 있겠습니까?
다른 사람에게 기대면 잠시 위안을 얻지만
오래지 않아 실망할 일이 생깁니다.
그 사람은 내가 아니기에 늘 내게 맞추기는 어렵습니다.
그러나 내 마음만큼은 언제나 내 편일 수 있습니다.
내 입장에서, 나를 지켜주며, 항상 내 옆에 있어줄 친구는
어쩌면 내 마음뿐입니다.

어떤 분들은 자신의 마음을 너무 무섭게 생각합니다.
자기 마음속에 무서운 괴물이 들어 있다고 생각합니다.
그래서 아예 마음을 들여다보지 않으려 합니다.
마음을 보지 않으려고 괴로울 때면 먹거나 잠을 자려고 하고
자극적인 놀이에 빠지거나 술과 약물에 의존하기도 합니다.
모두 마음을 들여다보기가 겁나서 하는 일입니다.
마음 깊숙한 곳에 화가 있거나 두려움이 가득 차 있을 때
우리는 마음을 무서워합니다.
그러나 화난 마음, 두려운 마음도 다 내 마음입니다.

내 마음이기에 내가 끌어안으면 결국 모두 내 편이 됩니다.

벌써 한숨소리가 들리는 듯합니다.
어떻게 끌어안을지 모르겠다고,
내가 내 편이 되는 것이 뭔지 모르겠다고.
하지만 전혀 어려운 일이 아닙니다.
그저 한심한 나를 인정하는 것입니다.
하루에 단 몇 분이라도 내 마음을 들여다보고,
그런 내가 견딜 수 없이 초라해 보여도
실망하지 않고 내 모습이라고 말하는 겁니다.
지금은 비록 초라해도 결국 자라서 듬직한 내 편이 될 것은
오직 내 마음뿐이기 때문입니다. ❋

| 쉰여섯 번째 만남

내 감정에 충실한 것,
내 감정을 표현하는 것

"저는 싫으면 그것이 얼굴에 다 드러나요.
싫은 내색을 숨기려고 해도 도저히 안 돼요.
친구는 세상을 살려면 가끔씩 싫은 것이 있어도
좋은 척을 해야 한다고 충고를 하는데,
저로서는 어떻게 해야 할지 모르겠어요.
또 자신의 마음에 충실하란 이야기도 있잖아요?
그러다보니 뭐가 옳은 것인지 헷갈립니다."

자신의 마음에 충실한 것과 자기감정을 있는 그대로 표현하는 것은
전혀 다른 차원의 이야기입니다.
자신의 마음에 충실하다는 것은
자기의 느낌을 중요하게 여기고,

그 감정이 일단은 옳다고 생각하는 겁니다.
남의 평가에 흔들리거나,
남이 나를 어떻게 볼지 눈치 보지 않고
자기를 소중히 여기는 것이죠.
이건 자기가 자기의 내면을 다루는 태도입니다.

반면 자기감정을 있는 그대로 표현하는 것은 외적인 태도입니다.
자기가 가진 감정을
모두 남에게 보일 필요는 없습니다.
때론 나의 감정이 소중하기에
남에게 보여주지 않을 수도 있습니다.
또 남이 내 감정을 싫어할 것이 분명하다면
감춰둘 수도 있는 일이죠.

가령 내가 키우는 애완동물이
남에게는 혐오스러울 수도 있습니다.
그 정도는 아니어도 별로 환영받지 못할 수 있죠.
예를 들어 도마뱀이나 곤충을 키울 때 그럴 겁니다.
하지만 그 동물들이 내겐 소중합니다.
더없이 사랑스러울 수도 있습니다.
그렇다고 남에게 보여줘야 한다거나,
다른 사람이 꼭 내가 키우는 동물을 사랑해야 하는 건 아닙니다.

나의 감정도, 나의 느낌도 남이 어떻게 생각하든
내게는 소중하다고 생각하는 것.
이것이 자신의 마음에 충실한 태도입니다.
반면, 내 감정을 다 드러내면
상대가 싫어하거나 부담스러워할 수 있으니 덜 드러내는 것.
이것이 자기감정을 표현하는 데 있어서 절제하는 태도입니다.
두 개는 전혀 모순된 것이 아닙니다.
얼마든지 함께 갈 수 있는 내용입니다.

물론 사람마다 감정을 느끼는 강도도,
표현하는 정도도, 숨길 수 있는 능력도 차이가 납니다.
많은 부분 타고 나는 면이 큽니다.
하지만 만들어가는 부분도 있죠.

무엇보다 타인과의 관계에선
상대를 배려할 필요가 있습니다.
내게 어떤 감정이 느껴진다고 하더라도
그 감정을 드러내어 관계를 해친다면
오히려 내게 해가 될 수 있겠죠.
가끔은 내 감정을 지키기 위해서
더더욱 감정을 드러내지 않아야 할 경우도 있습니다.
내 몸이 자랑스럽다 해도

그걸 굳이 남에게 다 드러내선 곤란하듯이
내 감정을 보이는 것도 분명 조절이 필요하고,
그런 조절을 위해서 당연히 연습도 필요합니다.

| 쉰일곱 번째 만남

질투는 나의 힘,
정말 그런가요?

"저는 질투심이 너무 많아요. 심지어 친한 친구에게도 그래요.
친구들이 상을 탄다거나 성적이 올랐을 때
질투로 안달이 나는 건 물론이고
선생님에게 칭찬을 받는 친구만 봐도 질투를 느껴요.
모르는 사이라도 저보다 성적이 좋으면 질투를 느끼고 견제를 합니다.
질투로 저만 힘들어진다는 걸 알고 자제해보려 했지만 안 되네요."

질투란 본능적인 감정입니다.
태어난 지 6개월 된 아이도 질투를 느낍니다.
엄마가 자기를 보지 않고 인형을 물끄러미 바라보고 있으면,
아이는 표정이 변하며 울음을 터뜨립니다.

질투란 소중한 사람이 내게서 떠날까봐
두려워하는 감정입니다.
소중한 사람이 떠나는 일은
어린 시절엔 생존을 좌우할 수 있는 일이기 때문에
질투란 깊은 뿌리를 가진 강렬한 감정입니다.
그러다 나이를 먹으면서 우리는 배신을 경험합니다.
오직 나만의 것이고,
언제나 나를 도와줄 거라 믿었던 부모가
그렇지 않다는 걸 느끼는 것이 첫 번째 배신입니다.
물론 진짜 배신은 아니지만
적어도 아이에게는 불안의 시작입니다.
이제 언제든, 누구에게든 다시 배신당할 수 있다고 아이는 생각합니다.

첫 번째 배신 이후로 우리는 관계 속에서
불안을 느끼고 질투를 경험합니다.
나보다 나은 사람을 볼 때 시기하고
누군가를 두고 경쟁하지 않는데도 남에게 질투를 느낍니다.
나도 모르게 자신을 상상 속에서 경쟁으로 끊임없이 밀어넣습니다.
이런 태도의 밑바탕엔
언제든 내가 다시 배신당할 수 있다는 두려움이 있습니다.
그런데 남에게 받아서 다 채울 수 있는 사랑이란 없습니다.
내가 나를 사랑해야

내가 바라는 만큼의 사랑을 채울 수 있습니다.
나 스스로 나를 충분히 사랑할 때
다른 사람의 사랑이 덜 필요하고 질투에 덜 시달릴 것입니다.
다른 사람이 인정해서 내가 가치 있는 것이 아니라,
그냥 내 존재 그대로 가치 있는 존재라고 생각한다면
질투는 줄어들 겁니다.

지나친 질투는 스스로를 소외시킵니다.
내가 부족한 점이 있다면 그걸 채우면 됩니다.
내가 부족하지 않으면 그대로 만족하면 됩니다.
내가 부족하지 않음에도 남이 잘난 데 질투를 느낀다면
이미 내 삶의 주인은 내가 아닌 것입니다.
남이 내 삶을 지배하는 겁니다.

기형도 시인의 시에 이런 구절이 있습니다.

'내 희망의 내용은 질투뿐이었구나.
그리하여 나는 우선 여기에 짧은 글을 남겨둔다.
나의 생은 미친 듯이 사랑을 찾아 헤매었으나
단 한 번도 스스로를 사랑하지 않았노라.' *

질투는 인간에게 반드시 따라다니는 감정입니다.

하지만 질투가 삶에 동력이 되어서는
자기를 사랑하기도, 인생을 사랑하기도 어렵습니다. ✻

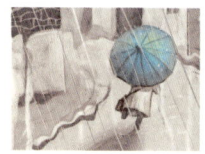

*이 글을 쓰는 데 도움을 준 기형도 시인의 시 〈질투는 나의 힘〉은 그의 시집 《입 속의 검은 잎》(문학과지성사, 1989)에 수록되어 있습니다.

| 쉰여덟 번째 만남

미운 감정과 이별하는
네 가지 방법

미운 사람이 없었으면 하고 바라지만
그게 뜻대로 되진 않습니다.
살다보면 억울한 마음, 미운 사람이 꼭 생기기 마련입니다.
하지만 미움이란 감정은 마음에 담아두면
점점 커져서 나중엔 태풍이 되어버리고,
다 자란 태풍은 엄청난 비와 바람을 몰고 오는데
그것이 분노입니다.

분노는 상처를 낳고 치유에 많은 시간이 필요합니다.
그래서 가급적이면 분노가 터지기 전에
미운 감정을 빨리 내보내는 것이 중요합니다.
그렇다면 어떻게 하는 것이 좋을까요?

미운 감정을 내보내는 기술은 네 가지가 있습니다.
네 가지란 전환, 무관심, 용서, 화해입니다.
앞의 두 가지는 상대로부터 내 마음이 떠나는 것이고,
뒤의 두 가지는 내 마음이 다시 상대에게 다가가는 겁니다.
한 가지씩 살펴보겠습니다.

첫 번째, 전환은 화가 나는 상황에서 벗어나는 겁니다.
누군가가 밉다면 보지 않으려고 하고,
마음에 자꾸 안 좋은 생각이 떠오르면
다른 일에 몰두하는 거죠.
마음속 공간은 크기의 제한이 있어서
여기에 다른 일, 다른 감정이 가득 차 있으면
미움과 분노가 들어오기 어렵습니다.

두 번째, 무관심입니다.
미운 감정이 드는 사람, 날 화나게 하는 사람과
감정적으로 이별하는 것입니다.
미움도 사랑처럼 잊기 어려운 감정이라서
미워하다보면 나도 모르게
내 마음속 중요한 자리를 주게 됩니다.
게다가 그 자리가 편한지 미움은 영 나가질 않습니다.
하지만 내가 미움에게 결별을 선언해야 합니다.

넌 그 자리를 차지할 자격이 없다고 말하고
내어준 자리를 다시 가져와야 합니다.

세 번째, 용서입니다.
물론 용서를 꼭 해야 할 이유는 없습니다.
용서란 나에게 도움이 될 때 나 스스로 하는 것입니다.
강요받아서 하는 용서는 용서가 아닙니다.
용서는 상처입고 미움 속에 있는 나를 치유해서
더 큰 내가 되기 위한 과정이어야 합니다.
우리는 모두 약하고 잘못을 저지를 수 있는 존재입니다.
이러한 인식은 우리가 상대를 용서하고 마음속의 미움을 치유하는 데
도움이 됩니다.
용서를 하고자 하는데 잘 안 될 때는 이렇게 해보세요.
상대의 나쁜 점, 내게 손해를 끼친 점보다
상대의 긍정적인 점, 내게 도움이 된 점을 생각하는 겁니다.
분명 도움이 됩니다.

마지막으로 화해입니다.
화해는 상대와 다시 만나는 겁니다.
그런데 다시 만나려면
이번에는 달라질 수 있다는 믿음이 필요합니다.
내가 변했든, 상대가 변했든

과거가 반복되지 않을 것이라는 믿음이 필요합니다.
만약 그런 믿음이 없다면 화해하기에는 조금 이릅니다.

미운 사람이 있다면 미운 사람을 한번 떠올려보세요.
그리고 그 사람에게 네 가지 방법 중
어느 방법이 좋을지 고민해보시기 바랍니다.
미움이란 내 삶의 방해꾼입니다.
내 삶을 잘 살아내기 위해선
미움을 버리는 방법도 자꾸 연습이 필요합니다. ✿

쉰아홉 번째 만남

화내는 사람이
더 오래 산다고요?

화를 잘 내시는 분들은
"이러다 내가 제 명에 못 죽지." 하며 푸념을 하곤 합니다.
그런데 최근 독일에서 발표한 한 연구는
화를 잘 내는 분들에게 희소식을 전합니다.

예나 대학교의 마르쿠스 문트 교수와 크리스틴 미테 교수는
6천 명 이상의 환자를 대상으로 연구를 했는데,
부당한 상황에서 화를 잘 내는 사람들이
화를 참는 사람들보다 평균 2년 정도
오래 산다고 보고했습니다.

화를 참는 사람이 화를 내는 사람보다

맥박이 빨라지고 이는 혈압을 높여
심혈관계 질병에 걸릴 위험성을 높인다는 겁니다.
그래서 평균수명이 짧아지지요.
화를 많이 내 제 명에 못 죽을까 싶었는데
더 오래 살 수 있다니
이보다 더 희망적인 소식은 없을 겁니다.

하지만 화를 잘 내는 성격을 가진 사람이
다양한 질병에 더 잘 걸리고
수명 또한 짧다는 연구 역시 꾸준히 있어왔습니다.

이 두 가지 결과가 모순되는 건 아닙니다.
화를 잘 내는 성격은 분명 건강에 해롭지만
그보다 더 안 좋은 것은 화낼 상황에서 화도 못 내고
참는 사람이란 것을 보여줄 뿐입니다.

그럼 바람직한 방향은 어느 쪽일까요?
당연히 화가 잘 나지 않는 사람일 것입니다.
어지간한 일은 가볍게 넘어가고,
마음의 불편함을 툭툭 털어낼 수 있는 사람이라면
스트레스도 가장 적고 건강에도 유리합니다.

우울한 분들 중 평소에
거의 화를 내지 못하는 분들이 많습니다.
이 분들은 화가 안 나는 분들이라기보다
화를 못 내는 분들입니다.
기분이 나쁠 때 울컥 올라오지만
그걸 상대에게 분명히 표현하지 못하고
이내 자기에게 부정적인 감정을 돌리곤 하죠.

'내가 뭐 그렇지.'
'나도 잘한 게 없어.'
'난 왜 이렇게 운이 없을까?'

그러면 곧 우울해집니다.
남이 아닌 자신에게 화를 내니 그럴 수밖에 없죠.
이런 상태가 반복되면 건강에도 타격이 옵니다.
화가 나서 한 번, 그 화를 또 자기가 받으니 한 번,
이렇게 두 번이나 공격을 받게 되니까요.

자주 짜증을 내는 분, 쉽게 삐치고 기분이 나빠지는 분들도
알고 보면 화내는 거나 마찬가지입니다.
화를 내는 게 두려워서, 화내는 것이 부담스러워서
화난 감정을 다르게 표현하고 있을 뿐입니다.

화를 내야 할 상황에선 화를 내야 합니다.
화를 내고 그것을 책임지면 됩니다.
다만 화가 너무 자주 난다면 자신을 돌아봐야 합니다.
물론 화를 자주 내는 이유가 자기 때문만은 아닐 겁니다.
하지만 계속 화를 많이 내며 자신을 힘들게 할 수는 없는 일이고,
그 상태를 벗어날 힘은 안타깝지만 자신에게만 있으니까요.

| 예순 번째 만남

왜 고생한 시어머니가
며느리를 더 괴롭히나?

최근에 이십대 친구들에게 이런 질문을 받았습니다.

저 분들은 과거에 더 힘든 경험을 했는데도
왜 그런 경험을 되풀이하도록 선택을 할까요?
자신들이 고생을 했다면 다른 사람은 고생하지 않도록
선택하는 것이 당연한 태도 아닐까요?

그 말에 대한 제 대답은 이랬습니다.
시집살이 심하게 당한 시어머니가
며느리를 더 잡는다는 말도 있지 않나요?
과거에 자신이 당한 박해가 크면 클수록
우리는 더 상대를 배려하지 못합니다.

그것이 박해가 해로운 결정적인 이유입니다.

이런 제 이야기를 실험을 통해 증명한 심리학자가 있습니다.
스탠포드 대학교의 지텍 교수와 연구진은 이런 실험을 했습니다.
사람들을 두 집단으로 나누어
한 집단에게는 자신이 부당한 대우를 받았던 경험을 써보도록 하고
다른 집단에게는 과거에 지루한 시간을 보낸 경험을 써보도록 했습니다.
사람들이 글을 써서 낸 뒤
연구진은 연구의 일환이 아니니 꼭 하실 필요는 없지만
제가 하는 다른 연구의 설문에도 대답을 해줄 수 있냐고 부탁했습니다.

결과는 어땠을까요?

지루한 경험을 쓴 사람들은
80퍼센트가 연구진의 부탁을 들어주었습니다.
반면 부당한 경험을 기억해서 쓴 사람들은
61퍼센트만이 부탁을 들어주었습니다.
이 실험에서 참가자들은 부당한 경험을 쓰면서
자신이 당한 부당함이 얼마나 심했는지를 표시했는데,
자기가 당한 부당함이 심하다고 생각할수록
도와주는 확률은 줄어들었습니다.

억울한 일은 단지 기억하는 것만으로도
사람들의 너그러움을 빼앗아갑니다.
다른 사람을 도와주고 싶은 마음을 줄이는 겁니다.

아울러 연구진들은 이 실험을 하면서 사탕을 제공했습니다.
그런데 부당한 경험을 쓴 사람들은
지루한 경험을 쓴 사람보다 사탕을 더 많이 먹고,
심지어 집어가는 경우도 많았습니다.
좀 더 이기적인 행동을 하게 되는 것이죠.

과거란 그저 과거에 머물지 않습니다.
부당하게 공격을 받았거나 잘못된 대우를 받았을 때
우리는 피해의식을 갖게 됩니다.
빼앗긴 것을 억울해하고, 빼앗은 상대에게 화가 나죠.
그런데 거기에 머물지 않고
또다시 빼앗기진 않을까, 또 당하는 건 아닐까 걱정하고
사람들에게 예민하게 대하게 됩니다.
또 난 더 나은 대접을 받을 필요가 있다고 생각해서
당당하게 이기적인 행동을 하게 됩니다.

결국 사회를 이타적인 분위기로 만들려면
바로 지금 사람들이 당하는 고통을 줄여줘야 합니다.

그렇지 않으면 피해자는 박해자가 되고
그 박해자는 또 다른 피해자를 낳아
결국 고통은 멈추지 않고 영원히 굴러가는 수레바퀴로
우리에게 남을 것입니다.

| 예순한 번째 만남

민망함을 느낄 때
어떻게 행동하십니까?

다른 사람에게 민망한 모습을 들켰을 때
어떻게 행동하십니까?

우선 얼굴이 붉어지기 쉽습니다.
그리고 상대를 똑바로 쳐다보지 못하고 고개를 숙이게 되죠.
멋쩍은 웃음을 지을지도 모르겠습니다.
그런 다음 상황을 벗어나기 위해 뭔가 말을 하려 할 겁니다.
"아, 이거 참…… 부끄럽네요."

이처럼 다른 사람에게 나쁜 이미지를
줄 상황에 처하면 우리는 몹시 당황합니다.
얼굴이 붉어지고, 고개를 숙이고, 멋쩍은 웃음을 짓죠.

지금 앞에 다른 사람이 없어도
마음만은 쥐구멍에라도 들어가고 싶을 정도로
창피하고 가슴이 답답해집니다.
그런데 왜 하필 그런 행동과 동작이 나오는 걸까요?

얼굴을 붉히는 것은 사실 부끄럽다는 표현만은 아닙니다.
남들 앞에서 칭찬을 들어도 얼굴이 붉어질 수 있습니다.
얼굴이 붉어지는 건
남에게 주목받을 때 나타나는 생리현상입니다.
민망한 상황이 되면 '남이 보지 않았으면' 하는 마음이 강해집니다.
그러다보면 남이 보지 않더라도
꼭 남이 자기를 주목하는 것만 같고
그래서 얼굴이 붉어지는 거죠.

다음으로 시선을 피하는 것은 내가 약하다는 걸
인정하고 상대의 호의를 바라는 행위입니다.
일종의 유화책이죠.
이런 모습은 침팬지 등의 영장류에서도 나타나는데
지위가 높거나 힘센 침팬지를 만날 때
약한 침팬지는 시선을 피합니다.
자신이 약하다는 것을 인정해서 공격을 피하는 행동이죠.
우리가 민망한 상황에서 시선을 피하게 되는 것도

결국 상대가 자신을 너무 나쁘게 보지 않도록
유도하는 것입니다.

멋쩍은 웃음 역시 마찬가지입니다.
영장류들은 적대적인 의지가 없고
상대에게 따르겠다는 의사를
전달할 때 멋쩍은 웃음을 짓습니다.
우리 역시 무언가 잘못했을 때
상대의 부정적인 반응을 피하기 위해 웃음을 짓죠.
이것 역시 시선 피하기와 더불어
너무 나를 나쁘게 보지 말아달라고 펴는
유화책의 하나입니다.

이처럼 부정적인 이미지를 다른 사람에게
주게 될 상황에 처하면
우리는 주목받지 않으려고,
너무 날 나쁘게 보지 말아달라고
남들에게 유화책을 폅니다.
이러한 신체의 반사적인 행동은
우리의 유전자에 새겨져 있는
자기보호를 위한 자연스러운 반응인 거죠.

그런데 가끔은 분명 잘못을 저지르고 있음에도
민망함을 나타내는 신호를 보이지 않고
당당한 사람들이 있습니다.
그 사람들은 대개 확신을 갖고 잘못을 저지르는 겁니다.
자기가 하는 행동이 잘못이라는 것을 모르는 거지요.
만약 잘못이라는 것을 안다면 엄청난 연기력의 소유자입니다.

확신범이든, 연기파든,
두 가지 경우 모두 매우 위험한 존재입니다.
그런 사람을 본다면 되도록 가까이하지 마십시오.
피할 사람을 피하는 것도 우리의 삶에서 중요한 기술입니다.

| 예순두 번째 만남

편견이란 왜 생기고,
어떻게 지속될까요?

"저희 아버지는 제가 어린 시절부터
특정 지역에 대한 편견을 갖고 계셨습니다.
일흔이 넘은 지금도 변함이 없으세요.
지역감정이 결코 좋은 게 아닌데 안쓰러운 마음이 듭니다.
이런 좁은 편견을 벗어나는 방법은 없을까요?"

우리나라에서 큰 선거가 끝나면 다들 혀를 한 번씩 차곤 합니다.
방송에선 망국적 지역감정을 없애야 한다는 말이 자주 나오죠.
그럼에도 지역감정의 힘은 여전합니다.
기록을 보면 불과 50년 전만 해도 뚜렷하지 않던 지역감정이
왜 이렇게 위세가 대단해진 걸까요?

지역감정이든, 아니면 다른 편견이든
편견이 유지되는 가장 큰 이유는
편견을 갖는 게 누군가에게는 유리하기 때문입니다.
특히 우위에 선 집단은 편견을 통해서
다른 집단을 쉽게 배제할 수 있습니다.
예를 들어 '남자가 힘든 일을 잘 견딘다'는 생각은
직업을 구할 때 남자에게 유리하게 작용합니다.
'특정 지역 사람들은 겉과 속이 다르다'는 편견이 퍼져 있다면
그 지역 사람들에게는 불리하고
결과적으로 다른 사람들에게는 유리합니다.

인간의 두뇌는 처리할 수 있는 정보에 한계가 있습니다.
그래서 단순하게 처리할 수 있는 건
가급적 단순하게 처리하려고 합니다.
화려한 버섯이라고 다 독버섯은 아니지만
'화려한 버섯은 독이 있다'고 기억하면 쉽겠죠.
버섯 하나하나 따로 알아두려면 훨씬 어려울 겁니다.
이런 인간의 사고 경향을 '인지적 구두쇠'라고 합니다.
구두쇠는 되도록 돈을 안 쓰고
인지적 구두쇠인 우리 인간은
가급적이면 머리를 안 쓰려 합니다.
인간의 이러한 인지적 특성은

편견이 살아남기에 좋은 토양이 됩니다.
그리고 편견이 자신에게 유리한 사람들은
이 토양에 비료를 주고, 물을 뿌리죠.

그뿐 아닙니다.
'흔히 하나를 보면 열을 안다'고 하지만
정말 열을 다 알 수는 없습니다.
그런 생각을 갖고 있다면 분명 실수할 일이 생깁니다.
하지만 우린 실수한 것은 쉽게 잊어버리고
내 단순한 구분이 맞았을 때만 기억해서
기존에 갖고 있던 편견을 강화합니다.
게다가 누구든 잘못할 수는 있는데
다른 사람이 잘못하면 상황 때문에 그러려니 넘어가면서
편견의 대상인 사람이 잘못하면
역시 내가 가진 편견이 맞구나, 하며 편견을 강화합니다.
이렇게 편견은 점점 더 단단해집니다.

이런 편견을 해소할 유일한 방법은 충분한 접촉입니다.
만나서 상대를 이해하게 되면 편견이란 것이
얼마나 단편적인지 자신도 느낄 수 있습니다.
다만 너무 급한 만남은 좋지 않습니다.
준비가 안 된 상태에서 짧게 만나면 편견만 강화할 수 있습니다.

시간을 두고 천천히 접촉하는 게 좋습니다.
그러면 상대에 대해 갖고 있던 편견과
다른 정보를 조금씩 보게 되고
결국 편견 자체가 흔들려 무너집니다.

아쉬운 점은 이런 접촉의 기회를 만든다는 것 자체가
쉽지 않다는 것입니다. 많은 노력이 필요하죠.
이를 위해서 책임 있는 분들의 더 많은 노력을 기대해봅니다.

| 예순세 번째 만남

나를 화나게 하는 사람에게
대처하는 방법

만나면 왠지 모르게 화가 나는 사람이 있습니다.
예를 들어 회사 동료 중에 이런 사람이 있었습니다.

커피를 한잔 나누면서 푸념하듯이
"요즘 추진하는 일이 잘 안 풀리네요.
이놈의 회사 다니는 게 만만치 않아요." 하자 대뜸
"그래요? 일이야 쉬울 때도, 어려울 때도 있죠.
뭐 이 정도면 좋은 회사 아닌가요?" 하는 겁니다.
회사 욕을 한 것도 아닌데 왠지 마음에 걸려서
"아니 뭐 회사가 안 좋다는 건 아니고요. 요즘 일이 그래서요."
하며 둘러대자 한술 더 떠서
"괜찮아요. 회사에 불만 가진 샐러리맨이 어디 한둘인가요?

뭐 다 그런 건 아니지만요." 하고 어깨를 툭 치고 가는 겁니다.
그럴 때면 가만히 맞아준 어깨가 원망스러울 정도일 겁니다.

나는 그저 위안을 받고 싶어서,
또는 도움을 받고 싶어서 이야기를 했는데
상대는 내 말과 행동을 그저 평가의 대상으로 삼을 때
우리는 화가 납니다.
받고 싶은 공감은 못 받고,
오히려 내가 뭔가 부족한 인간이란
느낌만 받게 되었으니까요.

나는 부족한 인간이란 느낌, 즉 수치심이 자극받을 때
누구나 견디기 어렵습니다.
그래서 더 위축되어 변명을 늘어놓거나
아니면 위축되지 않으려고 화를 내게 되죠.
그 결과 애초의 문제는 해결의 길에서 더 멀어지고
우리는 상처받은 자신을 지키는 데 에너지를 모두 쓰고 맙니다.

이런 사람이 주변에 있다면
되도록 만나지 마십시오. 그런 편이 좋습니다.
만나면 아무리 조심하더라도
그 사람이 던지는 말에 기분이 상하기 마련입니다.

하지만 만나지 않을 수 없는 사이라면
어떻게 하는 게 좋을까요?
되도록 빨리 내 의사를 분명히 전달하는 편이 좋습니다.
변명을 하거나 화를 내는 식으로 방어하지 말고
당신의 말에 기분이 나빠진다고 자기 마음을 이야기하세요.
"그런 말은 기분이 나쁜데요."
"그렇게 과장해서 말하지 마세요. 마음이 좀 안 좋네요."
"제가 ○○씨에게 바라는 건 그런 상처 주는 말은 아니에요."

물론 이런 말들을 하기 위해선 많은 용기가 필요합니다.
그러나 괴로움에 계속 시달리느니
용기를 내는 편이 나을 겁니다.
당신이 기분 나빠서 약한 모습을 보일수록
상대는 같은 행동을 계속할 테니까요.
왜냐하면 그들은 자신에 의해 당신이 흔들릴수록
자기가 의미 있는 존재가 된 듯한 착각에 빠져
기분이 좋아지기 때문입니다.

만약 싫다는 말을 하기 어렵거나
해봤자 소용이 없는 경우라면 어떻게 해야 할까요?
대개 가족이 그런 경우가 많습니다.
그럴 땐 몸은 멀어질 수 없지만

마음만은 그와 멀어지도록 노력해보세요.
그가 말할 때 변명하지 마세요.
말로 싸워서 이기려고 하지도 마세요.
그냥 상대를 내 마음에서 내쫓는 것이 중요합니다.
그냥 그가 무슨 말을 해도 '나는 나'라는 마음을 갖고
한 귀로 듣고 한 귀로 흘리며 넘어가세요.

내 마음에서 그의 자리를 낮추면
그는 당신에게 의미 있는 존재가 되지 못할 것이고,
내 마음도 덜 흔들릴 겁니다.

| 예순네 번째 만남

나에게 화내는 친구에게
대응하는 방법

"저는 제 친구로 인해서 몹시 화가 났어요.
그 친구는 저에게 독설을 했습니다. 비판도 아닌 비난이죠.
처음에는 저도 해명을 하다가 나중엔 화가 나서 비난을 했어요.
그러곤 연락을 끊었는데 아직도 화가 안 풀려요.
그때 미처 못 한 반박이 생각나고요.
어떻게 해야 할까요?"

상대의 비난에 대해 맞받아치면
기분이 시원할 듯싶지만 실제론 그렇지 않습니다.
나도 똑같이 화를 냈지만 그래도 나쁜 기분은 다 풀리지 않죠.
무엇보다 상황이 엉망이 되어 짜증나고,
나도 안 좋은 모습을 보였기에 찜찜한데,

이 모든 것이 상대가 먼저 공격을 해서
시작되었다는 생각이 드니 억울합니다.

만약 억울함이 크고
그 사람이 내게 더 이상 소중하지 않다면
그냥 내버려두십시오.
지금은 힘들지만 시간이 나쁜 기분도,
둘 간의 관계도 점차 사라지도록 도와줄 것입니다.

문제는 내가 관계를 유지하고 싶을 때입니다.
로마의 철학자 세네카는 '모욕에는 복수보다는 무시가 좋다'고
하였지만 무시한다는 것이 쉽지는 않습니다.
무시하기 위해서는 상대보다 내가 분명한
심리적 우위에 서 있어야 하니까요.

여기서 주목할 부분은
상대방이 내게 화를 내는 이유입니다.
여러 번 돌이켜봐도 내가 그 정도로
잘못을 저지른 것은 분명 아닌데
왜 상대는 저렇게 화를 낼까요?
이런 경우 분노는 자신에게 주의를 기울여달라는
외침인 경우가 많습니다.

어떤 사람이 내게 별 이유도 없이 비난을 퍼부었다면,
그 이면에는 자신에게 주의를 기울여달라는 절박함이 있습니다.
절실한 것이 있는데, 이것을 알아주는 사람이 없으니
점점 더 강한 행동을 하는 것이죠.

이때 현명한 사람이라면 아이처럼 떼쓰듯이 화를 내기보다는
사람들의 주의를 끄는 세련된 방법을 사용할 것입니다.
하지만 우리들 대부분은 이런 방법에 익숙하지 않고
특히 심리적으로 불편할 때는 여유가 없어
방법을 알아도 사용하지 못합니다.
그러다 작은 꼬투리가 잡히면 분노라는 방법으로
상대에게 자신을 봐달라고 마음을 전합니다.

그래서 상대가 이유 없이 비난을 할 때는
화를 내기보다는 왜 화가 났는지
더 오래, 더 귀 기울여 들어주는 편이 좋습니다.
그렇게 해보면 대부분 상대의 분노와 비난이
내게 원인이 있기보다는 상대 내면의 문제인 경우가 많다는 것을
나도, 상대도 알게 됩니다.

물론 사람들 중에는 너무 많은 주목을 바라는 분들이 있습니다.
이런 분들은 충분히 주목받지 못한다는 생각에 늘 시달리기에

너무나 당연한 듯 자주 화를 냅니다.
만약 내게 화를 낸 상대가 그런 사람이라면
그것을 내가 계속 감당할 수 있을지 생각해봐야 합니다.
감당하기 어렵다면 그 사람 곁을 떠나야죠.
다만 원래 그런 사람은 아니고 그저 일회성이라면
상대에게 좀 더 주목해주고 공감해주는 편이 좋습니다.
공자의 말대로, 더 많이 알면 더 많이 용서할 수 있습니다.
그리고 더 많이 공감해줄 때 스스로도 더 뿌듯합니다.

내가 상대보다 더 많이 줄 때 우리는 억울하지 않습니다.
줄 마음이 있는데 줄 수 없고 거절당할 때 더 억울합니다.
관계를 끝낼 것이 아니라면 내 마음을 열고,
상대가 왜 화를 내는지 들어주십시오.
그것이 상대를 위해서뿐 아니라 나를 위해서도 꼭 필요한 일입니다.

| 예순다섯 번째 만남

다른 사람의 말로 인한
상처를 해결하기

"다른 사람에게 받은 언어폭력에서
헤어나지 못하고 있습니다.
상대가 함부로 뱉은 말 때문에 상처를 입고
그 생각으로 잠도 안 오고 소화도 안 됩니다.
어찌해야 벗어날 수 있을까요?"

상대가 얼마나 심한 말을 했는지 모르겠습니다.
언어적인 폭력도 분명 폭력이기에
당한 사람은 심한 상처를 받을 수 있습니다.
상대는 그저 말일 뿐이라고 생각하겠지만
말도 칼처럼 심장을 찌를 수 있습니다.

어쨌든 상처를 받았을 때는
우선 상대의 말을 무시하고 잊어보려 해야겠습니다.
상대가 한 말은 상대의 말일 뿐이고,
그것이 내게 속한 것은 아닙니다.
나에 대해 말했다고 해도 그것이 내 것은 아닙니다.
실제로 사람들은 자기 내면의 갈등이나
불편함을 해소하기 위해 다른 사람을 욕하는 때가 많습니다.
짜증난 감정을 풀려고 다른 사람에게 화를 내기도 하고,
자기의 약점이 느껴지고 그로 인해 불편할 때
상대의 작은 결함에 비난을 퍼부어 불편함을 벗어나기도 합니다.

예를 들어 사람들이 자기를 좋아하지 않는다는 생각에
불안해진 상사는 자기에게 인사하는 것을 깜빡한 부하에게
예의라곤 조금도 없다고 퍼부을 수 있죠.
이런 비난이라면 어서 잊어버리는 편이 낫습니다.
그런 비난에 시달리고 있기엔 나는 훨씬 더 소중한 존재이니까요.

그런데 잊으려 해도 유난히 잊기 어려울 때가 있습니다.
여러 이유가 있죠.
우선 제대로 대응하지 못했다는 것이 분해서일 수도 있고,
그 순간 정말 심한 두려움을 느껴서
상처가 깊었기 때문일 수도 있습니다.

가끔은 상대가 비난한 내용이
스스로도 너무나 잘 알지만 해결하지 못했던 일인 까닭에
자꾸 곱씹어질 수도 있습니다.
이럴 때는 잊으려 노력하기보다는
그 장면을 더욱 자세히 떠올리면서
찬찬히 살펴보는 편이 좋습니다.
잊기 어려운 일은 더 많이 생각해보라는
우리 내면의 신호니까요.

분함이 원인이라면 대화 중 어떤 점이 나를 분하게 했는지,
그런 순간이 또 오면 어떻게 대응할지를 꼼꼼히 떠올려보고
머릿속에서 상상으로 대응을 해봐야 합니다.
내가 마음에 들 때까지 그 장면을 고쳐가면서
반복해 상상하면 분명 조금은 덜 아플 수 있습니다.

두려움이 원인이어도 마찬가지입니다.
떠올리면 무척 아프고, 무섭기까지 하겠지만
더 세세하게 떠올리며 그 장면을 소화해야 합니다.
무력하게 당했다는 느낌,
자기가 조절할 수 없었다는 것이 두려움의 원인입니다.
그 장면을 떠올리고 곱씹으며
무력하게 당했던 자신을 위로하고

이젠 그렇게 당하지 않을 수 있다고 격려해야 합니다.
누구나 한두 번은 진창에 빠질 수 있는 것이고
앞으로는 그렇게 당하지 않을 수 있다고 말해줘야 합니다.

상대의 비난이 자신에게 진짜 괴로운 부분을 찌른 것이라면
어떻게 해야 할까요?
이때 상대의 말이 아픈 이유는 나 자신에게 있습니다.
나를 괴롭히는 것은 상대가 아니라 나 자신입니다.
상대는 그냥 말했을 뿐인데, 내게는 약한 기둥을 건드린 터라
전체가 흔들리고 집이 아예 무너져버린 것이죠.
이 경우에도 도망가지 말고
내 약한 부분을 들여다봐야 합니다.
나 스스로 해결했어야 하는데
내 약점을 내가 해결하지 못했기 때문에 흔들린 거니
이왕 무너진 김에 이 문제를 최우선으로 해결해야 합니다.
필요하다면 전문가의 도움도 받아야 합니다.

고작 말일 뿐인데 내가 흔들렸다면,
그것이 고작 말뿐은 아니기 때문입니다.
내 안에 숨어 있는 어떤 약한 부분을 건드렸기 때문이죠.
그 약한 부분을 위로도 하고, 뜯어 고치기도 하고,
튼튼하게도 해야 합니다.

그래야만 말로 상처받아 고생하고 있는
지금의 내가 억울하지 않을 것입니다.
지금의 힘든 순간을 미래를 위한 거름으로 만드실 수 있기를
저 역시 응원합니다. ✿

예순여섯 번째 만남

우울한 사람에게
어떻게 다가가야 할까요?

누군가 우울해 보이면 어떻게 말을 걸어야 할까 고민이 됩니다.
친한 친구라면 "왜 그래?" 하며 이야기를 시작해도 되겠지만
그 정도 가깝지 않다면 뭐라 말을 꺼낼지 조심스럽죠.
기운이 없어 보이니 나라도 좀 생기 있게 다가가야 할지,
아니면 상대 기분을 맞추려고
나도 목소리를 좀 가라앉히는 것이 나을지 헷갈립니다.

스탠포드 대학교와 도요타 자동차 연구팀은
이런 상황을 연구해보았습니다.
연구팀은 사람들을 두 그룹으로 나누어
한 쪽은 슬픈 영상을,
다른 한 쪽은 행복한 주제를 담은 영상을 보여주었습니다.

그러고는 운전을 시키면서
두 그룹 모두 절반은 활기찬 목소리로 대화를 걸었고
절반은 침울한 목소리로 이야기를 걸었습니다.
그러면서 자동차의 성능을 평가하게도 하고
운전하며 실수가 얼마나 자주 나타나는지도 확인해보았습니다.

슬픈 영상을 보아서 슬픔에 젖은 운전자는
침울한 목소리에 더 좋은 반응을 보였습니다.
운전 실수도 적었고 마음도 편해지고
자신이 운전하는 자동차의 성능도 높게 평가했습니다.
반대로 행복한 영상을 본 운전자는
활기찬 목소리에 좋은 반응을 보였습니다.

보통 우리는 이렇게 생각합니다.
누군가 기분이 처졌을 때는 다가가서 활기찬 목소리로
"기운 내. 좋아질 거야"라고 하면 기분이 나아질 거라고.
그런데 실험결과는 예상과 정반대였습니다.
슬픈 사람은 침울한 목소리에 좀 더 기운을 내고
자기 할 일도 잘 해냈습니다.
내 마음이 슬프고 괴로운데 상대가 나와 다른 기분이라면
거기에 맞추느라 에너지가 듭니다.
그러다보니 집중력도 떨어지고 마음도 편하지 않습니다.

기분이 비슷한 상대를 만났을 때 추가적인 에너지를 절약할 수 있고
그러다보면 마음을 바꿀 힘도 낼 수 있게 됩니다.

우울한 사람들에게
"뭐 그런 것 가지고 그래."
"너무 부정적으로 생각하지 말라고." 하며
활기찬 목소리로 격려하는 일은
우울한 사람의 얼마 안 남은 힘도 빼앗는 잘못된 위로입니다.
자기 기분을 속일 필요는 없지만
상대에게 기분을 맞춰주고 조심하는 것이 진짜 위로입니다.

그렇다고 "속상해 보여요." 같은 표현은 좋지 않습니다.
사람들은 남들이 자기를 우울하다고 여기는 것을 좋아하지 않습니다.
놀랍게도 우울한 사람들조차 행복해 보인다고 말할 때
훨씬 좋아한다는 연구가 있습니다.
자기의 우울한 감정을 상대가 짚어내면
사람 잘 본다고 생각하지만, 상대를 좋아하지는 않습니다.
기분이 나아지지도 않습니다.

인간이란 좋아 보인다, 행복해 보인다는
긍정적 평가에 참 많이 매달리는 존재입니다.
그러니 슬퍼 보인다는 말은 하지 마세요.

차라리 "저도 요즘 속이 좀 상한 일이 있어요."
이 정도로 다가가는 것이 좋습니다.
자기와 같은 기분이길 바라면서도
자기를 나쁘게 보지 않길 바라는 마음.
사람 마음이란 참 복잡합니다. ❀

| 예순일곱 번째 만남

감정을 흔드는 말이
마음을 움직입니다

흔히들 나쁜 소문일수록 더 빨리 퍼진다고 합니다.
누구나 한 번쯤은 남의 험담을 하며 수군댄 기억이 있을 겁니다.
인터넷을 봐도 루머 기사에는 클릭이 엄청나게 이뤄집니다.
그런데 재미난 사실은
그 루머가 틀렸다고 알리는 정정보도는
가치 있는 정보임에도 별 관심을 끌지 못한다는 겁니다.
역시 사람이란 남의 나쁜 얘기에 주로 흥미를 느끼는 걸까요?

SNS서비스 중 하나인 트위터에는 리트윗이란 기능이 있습니다.
재밌거나 인상적인 글을 보고 남에게 알리고 싶을 때 사용하죠.
리트윗이 많은 글일수록 널리 알려집니다.
그렇다면 지금까지 리트윗이 가장 많이 된 트윗은 어떤 것일까요?

인기스타의 스캔들이나 정치인의 사생활을 폭로하는 글도
많은 리트윗이 이뤄졌지만
미국 대통령선거에서 재선에 성공한 버락 오바마 대통령의 트윗에
무려 80만 명이 넘는 사람이 리트윗 버튼을 눌렀습니다.
그 트윗은 오바마 대통령이 부인 미셸 여사와 포옹을 하는 사진에
'4년 더'라는 짧은 글이 붙어 있는 것이었습니다.
대통령이 부인과 나누는 감격의 포옹이
왜 이렇게 많은 관심을 끌었을까요?

사람들은 부정적인 내용에만 흥미를 느끼는 건 아닙니다.
역대 컴퓨터 바이러스 중에 가장 심각한 문제를 일으킨 것은
2000년에 유행한 러브 버그 바이러스입니다.
이 바이러스는 이메일에 첨부된 파일을 클릭해야만
감염이 됩니다.
일반적으로 사람들은 보낸 사람이 불분명한 첨부파일은
열어보지 않지만 이 바이러스는 제목 때문에
수많은 사람이 열어보고 말았습니다.

바이러스가 담긴 첨부파일의 제목은 'I LOVE YOU'였습니다.
유치하지만 사랑한다는 말에 사람들은 크게 흔들렸고
평소와 다르게 행동했고
결과적으로 엄청난 혼란이 일어났습니다.

오바마 대통령의 사진도 감격적인 포옹 사진에 담긴
진한 감정에 사람들의 마음이 움직였습니다.

사람들은 감정을 흔드는 정보에 쉽게 반응합니다.
기쁨과 슬픔, 두려움과 분노, 사랑과 질투를 자극하는 정보에
우선적으로 반응합니다.
부정적인 소문이 잘 퍼지는 이유도
그것이 감정을 자극하기 때문입니다.
반면 잘못을 정정한 기사는 순수한 사실 기사이기에
감정이 아닌 이성을 자극하고 결국 별다른 흥미를 끌지 못합니다.

자, 누군가의 마음을 움직이고 싶으신가요?
그러면 우선 감정을 표현하는 말로 시작해보세요.
'이 물건은 이러저러한 장점이 있어 좋은 물건입니다'보다는
'저는 오늘 기분이 좋아요. 이 물건을 당신에게 소개할 수 있어서……'
이런 식으로 시작하면 아무래도 성공 가능성이 높을 겁니다.
물론 나중까지 좋으려면 정말 좋은 물건이어야 한다는 것,
이건 너무나 당연하겠죠.

| 예순여덟 번째 만남

감정을 받아줄 때
사람은 변화합니다

얼마 전 친구가 아내와 말다툼을 하고는
어떻게 해야 할지 모르겠다며 도움을 청해왔습니다.
그 친구는 요즘 새로 시작하는 일 때문에
늘 시간에 쫓기는 형편이었고,
아내 또한 아들 둘을 키우다보니 힘에 부쳐 지쳐 있었습니다.
친구는 자기가 고생하는 것이 가족 모두를 위한 일인데
이걸 알아주지 않는 부인이 섭섭하다고 했습니다.

하지만 저는 친구에게 그저 아내의 이야기를 들어주라고,
어떤 불만이든 다 말할 수 있게
들어만 주라고 조언했습니다.

다행스럽게도 조언은 효과적이었습니다.
친구의 아내는 자기의 어려움을 한 시간도 넘게 털어놓았는데,
그 과정에서 스스로 마음을 수습할 수 있었습니다.
그리고 난 뒤 친구 역시 자기가 요즘 왜 바쁜지
차분히 설명할 시간을 가질 수 있었죠.
저는 친구의 부탁으로 아이들을 몇 시간 동안 돌봐주는
가장 어려운 역할을 수행했습니다.

상대방의 감정을 인정한다는 것은
생각보다 훨씬 큰 힘이 있습니다.
감정이란 이성으로 쉽게 통제가 되지 않습니다.
야생마를 길들일 때 조련사는
야생마가 충분히 날뛸 수 있는 기회를 줍니다.
다만 안전한 공간에서 날뛸 수 있도록 만들어주죠.
해결되지 않은 감정도 야생마와 같아서
충분히 풀어내지 않으면 저절로 순해지는 법이란 없습니다.

어떤 분은 흥분한 사람에게 그만 진정하라고 이야기합니다.
그런데 그런 말은 대개 역효과가 납니다.
진정하라는 말 자체가
당신이 괜히 흥분하고 있다는 뉘앙스를 갖고 있으니까요.
그 결과 "이게 진정할 수 있는 상황이야?" 하는 반격을 당하기 쉽습니다.

이성이나 논리로 통제가 될 상황이라면,
애초에 감정적인 모습을 보이지 않았겠죠.

또 어떤 분은 더 세게 나가라고 합니다.
아까 말한 제 친구 역시 애초에는
싸울 때 소리를 버럭 질러보면 어떨지 물어봤죠.
실제로 처음에 강하게 밀어붙이고는
나중에 상대의 의견을 조금 들어주는 협상 방법도 있습니다.
하지만 이런 방법들은 모두 기본적으로 상대를 조종하려는 겁니다.

그런데 상대도 그런 내 의도를 곧 알아챕니다.
그래서 신뢰는 깨지고 갈등은 지속됩니다.
더 이상 시끄러운 것이 싫어서 상대가 포기하고
그 결과 내가 이긴 듯싶지만
상대의 포기는 결국 나와의 관계에 대한 포기입니다.
같이 하지만 마음 깊이 믿지는 않겠다는 포기죠.
그걸 승리라고 할 수는 없는 일입니다.

상대의 감정을 충분히 들어주지 못하는 중요한 이유는
상대에게 내 감정을 인정받고 싶은 마음이 앞서기 때문입니다.
내 감정을 인정받고 싶은 마음이 먼저이다 보니
상대의 감정을 들어줄 여유가 없는 것이죠.

하지만 상대의 감정을 들어줄 때
내 감정 역시 상대에게 전할 기회가 주어집니다.

그저 들어주고, 상대의 감정을 이해하려고 해보십시오.
상대의 요구를 다 들어주란 것은 아닙니다.
감정을 들어주는 것만으로도 마음이 변하는 것이 사람입니다.

| 예순아홉 번째 만남

분노의 해결은
이 시대 모두의 숙제입니다

얼마 전 모임에 갔다가 이런 이야기를 들었습니다.
"우리 사회의 분노는 지금 위험 수준이다.
화를 내는 것은 결국 자신을 망칠 뿐인데
살기 위해선 화낼 수밖에 없다고 착각하는 사람이 많다."
그러니 그 말을 바로 받아치는 분이 있더군요.
"분노할 상황이 너무 많은데
화도 내지 말라고 하면 어떻게 하느냐?
그러다 화병 생기는 것 아니냐?"

두 분 다 맞는 말입니다.
화내며 살려고 세상에 태어난 사람은 없습니다.
누구나 평화로운 인생이길 원하지요.

화를 낼 때는 화낼 만한 이유가 있는 것이고,
한 사회의 분노지수가 위험수준이라면
그 사회에 분명 문제가 있는 겁니다.
더 정확히 말하자면 분노를 유발하는
가해자나 사회구조가 있는 거지요.
그렇다고 분노가 개인에게 도움이 되는 것은 분명 아닙니다.
분노는 우리의 영혼은 물론
신체적인 건강까지 위협하는 만병의 원인이고
문제를 해결하는 데도 별 도움이 되지 않습니다.

그런데 재미난 것은 사회적인 분노에 대한 이야기를 하다보면
대화 속에 어떤 편견이 존재하는 경우가 많습니다.
화를 내는 사람은 나이가 어리거나 못 가진 사람이고,
사회가 이들에게 좀 더 귀를 기울여야 한다는 식이죠.
그러나 사람들을 만나며 제가 느낀 바에 의하면
그런 일반적인 생각에 동의하기 어렵습니다.

보통 '파업투쟁'하면 공격적이고 위험한 행위로 취급합니다.
주도자는 과격파로 생각하고요.
하지만 그런 투쟁을 주도하는 분들이라고
분노가 높은 것은 아닙니다.
어차피 한번 사는 인생, 가장 의미 있는 일을 하려고 할 뿐,

누가 밉거나 화나서 하는 일은 아니라고 말하는 분도 만나보았고,
자신은 결단의 순간에 우연히 덜 부끄러운 길을
택했을 뿐이라는 겸손한 분도 있었습니다.

반대로 경영진 중에서도 분노에 차
어쩔 줄 몰라 하는 분들도 적지 않습니다.
노조원들이 자기 인생을 망치고 있다고,
그들과는 절대 같은 하늘 아래 살 수 없다며
증오심에 가득 찬 분들도 만나보았습니다.

분노는 못 가진 자의 전유물은 아닙니다.
마찬가지로 더 가졌다고 마음이 너그러운 것도 아닙니다.
다만 확실한 것은 그가 가진 자든, 못 가진 자든
분노에 휩싸여 있는 상태라면
다른 사람에게는 물론 스스로에게도
별로 도움이 되지 않는다는 점입니다.

지금 우리 사회의 분노는 위험수위입니다.
누군가에게 화내지 말라고 말하기 전에
화가 날 상황을 해결해야 합니다.
힐링과 치유라는 말이 유행처럼 쓰이지만
힐링을 말하기 전에 우선 상처를 주지 말아야 합니다.

하지만 상처를 입었다고 분노에만 머무를 수는 없습니다.

자신을 위해서 분노가 아닌
다른 삶의 에너지에 더 주목해야 합니다.
싸움이 벌어지는 상황에
분노가 아닌 어떤 다른 감정이 있을 수 있겠냐고 하지만
분노를 넘어서야 더 오래, 자신을 지키며 싸울 수 있습니다.
또 그래야 분노의 파도에 휩쓸려 함께 사라지지 않고
평화로운 땅에 함께 자리 잡는 방향을 택할 수 있습니다.

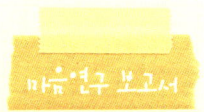

사람들은 강한 메시지에 끌립니다

충분한 자료와 검토를 거친 말과
확신을 담아서 강하게 하는 말.
둘 중 어떤 말에 사람들의 마음은 더 쉽게 움직일까요?

네덜란드의 심리학자 기디언 캐런의 연구를 살펴보죠.
그는 사람들에게 두 종류의 기상예보를 4일간 보게 한 뒤
어느 쪽을 더 신뢰하는지 알아보았습니다.
한 예보에선 매일 비가 올 확률이 90퍼센트라고 했습니다.
다른 예보에선 매일 비가 올 확률이 75퍼센트라고 했습니다.
그런데 실제로 연구 기간인 4일 가운데 3일간 비가 내렸습니다.
즉, 비가 올 확률은 4분의 3, 75퍼센트였습니다.
예측의 정확성이란 면에서는, 75퍼센트라고 한 예보가 맞는 것이죠.

그런데 사람들에게 어떤 기상예보가 더 잘 맞았는지 물어보자,
놀랍게도 절반이나 되는 사람들이 비가 올 확률이 90퍼센트라고 한
예보가 더 정확하다고 선택하였습니다.
아니, 분명 비가 4일 중 3일만 온 걸 아는데도 그쪽을 고른 겁니다.

이처럼 사람들은 75퍼센트 같은 애매한 확률보다
90퍼센트 같은 높은 확률을 이야기하는 메시지에 더 끌립니다.
심지어 옳든 그르든 그런 메시지에 더 신뢰를 가집니다.

기상예보야 맞았는지 틀렸는지 금방 확인이 가능하지만
확인이 어려운 일들도 많습니다.
예를 들어 내년도에 집값이 오를지, 내릴지는
한참 지나야 결과를 압니다.
사람들은 집값이 오른다는 주장이든, 내린다는 주장이든
좀 더 강력하고 분명하게 말하는 사람들을 더 믿습니다.
오를 확률 70퍼센트, 내릴 확률 30퍼센트.
이런 말은 귀에 안 들어옵니다.
"내년엔 확실히 오르니 어서 주택 구매를 서둘러야 한다."
또는 "내년은 떨어지니 기다리지 않으면 후회할 수 있다"고
분명히 말하는 전문가의 말에 더 쉽게 흔들립니다.

그렇다면 진실은 어디에 있을까요?
사람들의 관심을 끄는 강력한 메시지가 정확하고 섬세한 예측일까요?
그렇지 않습니다. 오히려 그 반대입니다.

우리는 알면 알수록 자기 지식의 한계를 깨닫습니다.
그러다보니 예측에 대해 조심스러울 수밖에 없습니다.

반면 아는 것이 얼마 없는 사람이라면 무서울 것이 없습니다.
더 과감하게 확신하고, 더 과감하게 이야기합니다.
그런데 우습게도 이런 말들이 사람들에게 더 많은 신뢰를 얻습니다.

시중에 있는 자기계발서를 봐도 마찬가지입니다.
인생을 차분히 관조하며 삶의 다양성을 논하는 책은
별 인기가 없습니다.
문제를 최대한 단순하게 바라보고,
구체적으로 방향을 지시하는 책이 인기가 있습니다.
하지만 인기가 있다고 이런 책들이
인생에 더 도움이 되지는 않습니다.

삶에 간단한 답은 별로 없습니다.
간단하게 풀릴 문제라면 벌써 풀렸겠죠.
그러니 무엇보다 겸손해야 하고,
쉽게 해결할 수 있다는 부추김에 넘어가지 말아야겠습니다.

아, 그런데 이런 제 이야기도 복잡하게 들리진 않을까요?
차라리 "여러분 전 확신합니다. 단순한 말은 다 사기예요"라고
말하는 편이 더 나을는지도 모르겠습니다.

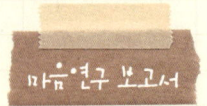

아픔을 이해하려면 같은 경험을 해야 할까?

'거울세포'라는 말은
이제 제법 알려진 용어가 되었습니다.
자신이 직접 어떤 동작을 할 때나
상대방이 그 동작을 하는 걸 보고만 있을 때나
우리의 뇌에선 동일한 부분이 활성화됩니다.
단지 상대의 동작을 보고 있는 것뿐인데도
거울처럼 나의 뇌가 반응하는 것이죠.

이탈리아 파르마 대학교의 리촐라티 교수는
이 현상을 발견하고는
뇌의 그 영역을 거울세포라고 이름 붙였습니다.
거울세포는 지난 수십 년간 이뤄진 인간에 대한 발견 중
가장 중요한 발견 가운데 하나로 꼽히고 있습니다.

이전까지는 다른 사람의 행동을 이해한다는 것은
상대의 행동을 보고 그것을 해석하는 과정을 통해
이뤄진다고 생각했습니다.
그런데 거울세포의 발견으로 인해 해석의 과정 없이도

우리는 상대의 행동을 자기가 행동하는 것처럼
즉각적으로 느낀다는 것을 알게 되었습니다.

거울세포 덕분에 우린 상대의 동작을 쉽게 모방할 수 있고,
상대의 의도를 순간적으로 파악할 수 있습니다.
만약 거울세포가 없다면 우리 모두는
책을 읽고 이해하는 것처럼 상대의 행동도 이해해야만 할 테고,
그랬다면 형광등처럼 매번 한 박자 늦게
반응을 보일 수밖에 없겠지요.
이런 상황에서 공감이란 훨씬 어려웠을 것입니다.

런던 대학교의 타냐 싱어는 사람들의 손에 전극을 감은 뒤
짧은 전기 자극을 주는 실험을 했습니다.
그렇게 전기 자극으로 고통을 준 뒤에
이번에는 다른 사람에게 전극을 감아주고는
이를 지켜보게 했습니다.
뇌영상촬영을 해보면 자신이 고통을 느낄 때나
다른 사람의 손에 감긴 전극에 자극이 주어질 때나
같은 뇌 영역이 활동을 했습니다.
자신의 고통이 아닌데도 똑같이 고통을 느낀 겁니다.
그러고 보면 "아프냐? 나도 아프다"라는 드라마 속 대사가
거짓은 아닌 겁니다.

이처럼 거울세포에 대한 연구는
인간의 공감능력에 대한 연구로 차차 넓어지고 있습니다.
상대의 고통은 물론 다양한 감정을
내가 꼭 경험하지 않아도 함께 느낄 수 있는 능력을
우리 인간은 갖고 있고 이것이 우리가 사회를 이루고
문화를 키워가는 기반이 된다는 것이죠.

그런데 한 가지 놓치지 말아야 할 점이 있습니다.
상대가 경험한 것을 똑같이 경험해야만
그의 고통을 이해할 수 있는 건 아니겠지만
적어도 고통을 느껴본 적이 있어야만
고통받는 상대에게 공감할 수 있다는 겁니다.

게다가 사람은 자기가 겪은 고통의 강도 이상으로
상대방의 고통을 이해하기란 어렵습니다.
작은 고통만 겪은 사람이라면 상대의 큰 고통도
자신의 작은 고통에 견주어 생각합니다.
다른 것과 마찬가지로
고통의 경험 역시 불평등한 것이 인간사죠.
그러고 보면 큰 고통을 느낀 불행한 과거도 나쁘지만은 않습니다.
그 과거야말로 더 많은 사람의 고통에 공감할 수 있는
삶의 중요한 자산입니다.

5

마음의
교과서,
삶의 순간들

| 일흔 번째 만남

정말, 진심으로
변화를 원하시나요?

제가 정신과 전공의였던 시절이니
벌써 15년도 더 지난 이야기입니다.
그때 저는 제가 치료하는 분이 좋아지지 않아
무척 고심을 하고 있었습니다.
벌써 6개월 이상 상담을 하는데도
그분은 여전히 너무 우울해하며
일상생활도 제대로 해내지 못했습니다.
매주 그분의 지친 표정을 보다보니
저 역시 우울해질 지경이었죠.

그래서 저는 당시 저를 지도해주시던 선생님에게
이런 사정을 이야기하였습니다.

그랬더니 선생님이 저를 보며 이렇게 물으시더군요.
"자네 정말 그분을 고치고 싶은가?"
당황스러운 기분이었지만 저는 바로 답했습니다.
"물론이죠."
그러자 잠시 후 또 똑같이 물으셨습니다.
"자네 정말로 그분을 고치고 싶은가?"
이번엔 무슨 뜻인가 싶었지만 당연히 그렇다고 답을 했습니다.
그러자 선생님은 제게
"자네가 진심으로 고치고 싶다면 분명 고칠 수 있을 것이네."
하며 가보라고 하시더군요.

처음에는 기분이 안 좋았습니다.
답답한 마음에 무슨 좋은 방법이라도 배울 수 있을까 싶어 갔는데
이게 웬 선문답인가 싶었습니다.
선생님도 뭔가 해줄 말이 없다보니
이렇게 말하시는 건가 의심도 들었죠.
하지만 집에 와서 곰곰이 생각해보니
선생님의 말에 중요한 가르침이 있었습니다.

내가 정말 그분의 병을 고치고 싶은 것인가?
정말 고치고 싶다면 내가 할 수 있는 일을 다 했는가?
그저 안 된다고 속상해만 한 것이 아니라

모든 방법을 동원해서 노력했는가 생각해보았습니다.
스스로 던진 그 질문에 저는 부끄러울 수밖에 없었습니다.

물론 노력을 하지 않은 것은 아니었습니다.
보통 다른 의사들이 하듯, 또 일반적으로 다른 환자들을 만날 때
하는 정도의 노력은 하였습니다.
하지만 그 정도 노력으로 잘 되지 않자
왜 이 사람은 안 좋아지는 거냐며 환자 탓만 하고 있었습니다.

살다보면 우리는 해결되지 않는 문제에 부딪힙니다.
바로 그 순간이 결정적 순간입니다.
그 순간에 더 집중해서 어떻게든 문제를 풀어내려 노력할 수도 있고,
그 순간에 문제를 원망하며 돌아설 수도 있습니다.
할 수 있는 모든 방법을 동원해 문제에 매달린다면,
내 영혼 전체를 걸고 문제에 부딪힌다면
다른 결과를 낼 수도 있습니다.
정말로 원한다는 것은 그런 의미일 것입니다.
물론 굳이 꼭 그래야 할 의무는 없습니다.
그것은 내 선택입니다.

사람을 변화시킨다는 것은 쉬운 일이 아닙니다.
특히 힘든 처지인 경우 더욱 그렇죠.

그때는 내 영혼의 힘이 필요합니다.

어떤 멋진 말, 결정적인 하나의 행동보다
끝까지 책임지고, 어떻게든 도우려는 마음이 변화를 만듭니다.
꾸준하고 절실한 내 마음을 느낄 때
상대 역시 머리가 아닌 가슴이 반응을 보입니다.
그것이 영혼의 힘이고, 그때 변화가 이루어질 수 있습니다.

만약 지금 당신이 도와주고 싶은 사람이 있다면,
아니 스스로 도와주고 싶다면 한번 물어보세요.
"정말 도와주고 싶은가?"
만약 정말 도와주고 싶다면,
분명 당신은 도움을 줄 수 있을 겁니다.

| 일흔한 번째 만남

스트레스에 대응하는
세 가지 방법

스트레스.
직장인에게 스트레스는 월급만큼 친숙한 단어입니다.
스트레스란 외부의 자극에 대한 몸의 반응입니다.
새로운 상황이 생기면 기존의 안정된 상태는 깨지고,
안정 상태가 깨지면 우리 몸은
새로운 안정 상태를 만들기 위해 노력합니다.
이렇게 새롭게 안정 상태를 만들기 위한 적응 과정을
우리는 스트레스라고 합니다.
스트레스는 끊임없이 새로운 안정을 찾아가야 하는
우리 삶의 숙명적인 모습입니다.
만약 스트레스가 없으려면 어떤 변화도 없어야 하는데
변화가 없다면 그것은 살아 있는 게 아닐 겁니다.

어느 정도의 스트레스는 불가피하지만
우리가 "아우, 정말 스트레스 받아"라고 할 때는
큰 변화에 적응하기 위해 많은 에너지를 필요로 할 때입니다.
그렇게 스트레스를 받을 때
많은 사람들은 어떻게 대응할지 몰라 우왕좌왕하곤 하지요.
하지만 스트레스에 대응하는 방법은
원 투 쓰리, 세 가지밖에 없습니다.
첫 번째는 스트레스를 만든 문제를 해결하는 것,
두 번째는 스트레스를 받는 나와 내 생각을 바꾸는 것,
세 번째는 스트레스를 만드는 문제를 아예 피하는 것입니다.
상황을 바꾸거나, 내 생각을 바꾸거나, 아예 상황에서 떠나가는 것.
이 세 가지입니다.

예를 들어보겠습니다.
상사가 내게 복잡한 일을 시켰습니다. 주말을 앞두고요.
주말엔 가족들과 함께 놀러갈 계획이었는데
완전히 망한 상황이죠.
그럴 때는 먼저 주말 전에 얼른 해결할 수 있을지 노력해봅니다.
스트레스를 만든 문제를 해결하기 위해 우선 달려드는 거죠.
그런데 도저히 안 됩니다. 그러면 마음을 바꿉니다.
'아무래도 내가 유능하니까 이런 일을 시켰을 거야.
이런 일은 나밖에는 할 수가 없으니까.' 하고 내 마음을 바꿉니다.

스트레스를 받는 내 생각을 바꾸는 것이죠.
그런데 그렇게 마음을 바꾸기에는
주말의 휴식과 약속이 아주 아쉽습니다.
그럴 땐 도망을 가도 좋습니다.
스트레스를 만드는 문제를 아예 피하는 것이죠.
예를 들어 상사에게 이야기합니다. 이번 주말엔 도저히 어렵다고요.
드러나지 않게 조금 거짓말을 섞을 수도 있습니다.
물론 이렇게 하면 불이익이 있을 수는 있습니다.
그런데 그건 감수해야 합니다.
좋은 것만 다 얻을 수는 없는 일이니까요.

운동경기에서도 마찬가지입니다.
상대를 이기거나, 이기려는 마음을 버리거나,
아예 이 경기를 하지 않는 것.
그 외의 답은 없습니다.
세상사 모든 대결의 해결책은 이 세 가지입니다.
상황을 바꿔보려고 하고,
그것이 안 된다면 그에 대한 내 마음을 바꾸고,
그래도 안 될 일은 버리는 겁니다.
그 사이에서 헤매다가 스트레스는 더 커지기만 합니다.
헤매지 말고 이 세 가지 방법 중에서 빠르게 선택하고,
안 되면 다른 것을 선택하는 것이 항상 나은 해결책입니다.

| 일흔두 번째 만남

미루지 않고 실천하기 위한
다섯 가지 방법

'아는데도 실천이 안 돼요.'
뭐 이런 고민은 고민도 아닙니다.
왜냐하면 5천만이 다 하는 공통된 고민이니까요.
우리가 아는 걸 다 실천했다면
분명 우리는 위대한 인물이 되었을 겁니다.

우리 모두는 알면서도 실천을 하지 않습니다.
미루고, 미루기 위해 명분이 될 다른 일을 만들고,
지금은 때가 아니라고 핑계를 찾아 나섭니다.
그런데 그 결과는 어떨지? 어른이라면 뭐 다 아실 겁니다.

여기 더 이상 미룰 수 없는 일이 있습니다.

하지만 하기가 싫습니다.
이럴 경우 어떻게 하면 하기 싫은 일을
실천으로 옮길 수 있을까요?

첫째, 변명이나 합리화는 집어치워야 합니다.
나와 내 미래를 위해서
하기 싫지만 피할 수 없는 것을 받아들여야 합니다.

둘째, 해야 할 일을 분석해서 잘게 쪼개십시오.
고기 덩어리도 너무 크면 한 번에 먹을 수 없고
우리를 질리게 만듭니다.
하지만 큰일도 나눠보면 작은 일이 모인 겁니다.
최대한 잘게 쪼개고, 지금 이 순간에 할 일이 무엇인지,
또 그 일에 성공하면 다음에 할 일은 무엇인지 알고 있어야
더 잘 집중할 수 있습니다.

셋째, 제대로 안 했다고 자신을 욕하지 마세요.
그보다는 욕을 피하기 위해 노력하는 게 좋습니다.
못한다고 욕해봐야 속에는 반감만 생기고
스스로에 대한 열등감만 커집니다.
그보다는 사람들에게 자기가 할 일을 못하면
꼭 지적해달라고 미리 부탁을 해보세요.

욕을 먹더라도 자기가 원해서 먹는 욕이 훨씬 낫습니다.
내가 스스로 결정한 것이니 공격당한 느낌이 없어
반감이 생기지 않습니다.
스스로 자존감을 지키기 위해 더 노력하게 됩니다.

넷째, 자신에게 보상을 해주세요.
작은 보상도 좋고,
큰 목표를 이루었다면 큰 보상도 좋습니다.
다만 너무 길게 잡지 말고 단기적 보상을 해야 효과적입니다.
스스로 목표를 설정하고 그것을 이루면 자신에게 선물을 하세요.
또 친구들에게도 자기가 정한 목표를 이야기해서
칭찬과 지지를 꼭 받도록 하십시오.

다섯째, 남을 위한 일로 만들어보세요.
인간이란 묘해서 자기를 위한 일보다
남을 위할 때 더 잘 움직입니다.
자기가 하는 일이 자기뿐 아니라
남에게도 도움이 되는 일이라는 인식을 가지면
좀 더 실천하기가 쉬워집니다.

물론 이런 몇 가지 방법만으로
실천이 금방 이뤄지지는 않을 겁니다.

하지만 잘될까 의심만 하지 말고
일단 하나하나 실천을 해보세요.
한번 실천에 성공하면
다음번 실천도 성공할 수 있는
가장 큰 동력이 되니까요. ✿

| 일흔세 번째 만남

내 마음의 그림자를
받아들이는 것

"저는 회사에서 시간이 날 때면
마음에 안 드는 상사나 동료의 흉을 봅니다.
그게 그 사람의 스타일이란 걸 알면서도
그들 때문에 제가 업무에서 손해를 보고 있다는 생각에
항상 스트레스를 받거든요.
그런데 그렇게 흉을 보고 나면
끝에는 기분이 너무 안 좋아집니다.
제가 한없이 초라하게 느껴져요.
그러면서 또 다음에 흉을 봅니다. 이런 저 괜찮은가요?"

남을 흉보는 데는 여러 가지 이유가 있습니다.
무엇보다 불편함을 털어버리려는 효과가 가장 크죠.

다른 사람의 행동으로 인해 불편함을 느꼈을 때
그걸 마음속에 오래 두면 더 미워지니까
말을 해서 밖으로 내보내려 합니다.
마침 적절하게 내 장단을 맞춰주는 사람이 있다면
이런 게 나쁘지 않습니다.
정신건강을 유지하기 위한 일종의 운동이 되는 거죠.

그런데 내가 욕하는 어떤 문제가
사실 내 문제인 경우가 있습니다.
남 앞에서 드러내지는 않았지만 나에게 어떤 문제가 있고,
내가 그걸 부끄러워하고 있다면,
우리는 상대에게서 같은 문제를 봤을 경우
더 심하게 흉을 보고 욕을 합니다.
이런 것을 분석심리학에선 '그림자'라고 합니다.
내게 그런 부분이 있다는 걸 부인하고 싶지만
분명 내 안에 존재하는 어두운 부분, 그것이 그림자입니다.

다른 사람이 공금을 횡령했을 때
우리는 그것을 거세게 비난합니다.
그 비난에는 도덕적으로 잘못된 것을 배척하려는 마음도 있겠지만
내 마음에도 돈에 대한 욕심이 있기에
더 심하게 비난하는 것일 수 있습니다.

나에게는 그런 비도덕적인 마음이 없다고 말하고 싶기에,
또 한편으론 과감하게 그와 같은 행동을 하지 못한 자기에게
정당성을 부여하고 싶기에 더 화를 내는 거죠.

그런데 내 그림자에 대해 화를 내게 되면
속이 시원해지기보다는 이내 뭔가 허전해집니다.
그 화가 사실 내 일부분에 대한 화이기 때문입니다.
사실 나란 존재는 순수하게 올바른 존재도 아니고,
순수하게 잘못된 마음만 갖고 있지도 않습니다.
인간이란 복합적이고 여러 욕망이 버무려진 존재입니다.
그중 어느 한 부분을 안 좋은 거라고,
내것이 아니라고 부정하면
잠시 위안이 될지 몰라도 곧 허전한 기분이 들 수 있습니다.
왜냐하면 그림자는 욕까지 얻어먹은 채
여전히 내 안에 남아 있으니까요.
차라리 내게도 그런 어두운 면, 부정적인 면이 있다는 것을
인정하는 것이 더 성숙한 태도입니다.

남에게 필요 이상으로 비난을 가하기보다는
내게도 어두운 부분, 인정하고 싶지 않은 욕망이 있음을 인정하고,
대신 그 사람과 달리 정당한 방법으로 채우려고
마음먹는 편이 낫습니다.

이렇게 그림자가 내 안에 있음을 인정할 때 우리는 더 건강해집니다.
지나치게 도덕적인 태도는 우리를 절름발이로 만들 수 있습니다.
그냥 있는 그대로 도덕적이라면 좋겠지만
억지로 도덕적이려고 하지는 마세요.
그런 노력이 오히려 자기 자신을 속이고
타인에게도 관용을 베풀지 못하게 할 것입니다.

| 일흔네 번째 만남

결정이 어려운 분들에게

"저는 늘 둘 중에 하나를 결정하지 못해 주저주저하다가
스스로 바보 같다고 자책하곤 합니다.
오죽하면 고민이 거듭될 땐
뭘 선택하든 만족도 후회도 있을 테니
차라리 동전을 던져 결정할까 싶을 때도 있죠.
이렇게 고민만 하고 결정하지 못하는 것에 대한
좋은 해결책이 있을까요?"

선택을 어려워하는 분들을 보면 크게 두 가지 경우입니다.

첫째는 어린 시절 스스로 선택을 해본 경험이 적은 분입니다.
자기가 선택하고, 그 결과가 좋든 나쁘든 어떻게든
극복하고 나갈 수 있다는 걸 경험한 분이라면

아무래도 선택에 대한 두려움이 적습니다.
그런데 어린 시절 부모가 과보호를 한 경우에는
선택의 경험도 부족하고,
늘 부모가 선택한 기억 때문에
나같이 부족한 사람이 과연 제대로 된
선택을 할 수 있을까 두려워지죠.

다음으로 어릴 때부터
결과에 대한 비난을 많이 경험한 분들입니다.
그 비난은 어린 시절 부모에게서 온 것일 수도 있고,
자기 자신에게서 비롯된 것일 수도 있습니다.
그 어떤 경우든 완벽주의와 결벽증의 희생자죠.

세상에 결함이 없는 해결책은 거의 없습니다.
이쪽을 선택하면 이런 문제가,
저쪽을 선택하면 저런 문제가 걸리죠.
원래 그렇습니다.
딱 떨어지는 해결책이 있는 일이라면
처음부터 고민도 하지 않았을 겁니다.
이미 나도 모르게 결정을 해서 그 길로 가고 있겠죠.
따라서 선택이란 늘 차선책입니다.

자신의 선택이 가진 결함을 받아들이고
소중히 여겨야 합니다.
인생은 결국 차선과 차악의 연속된 선택입니다.

다만 기억할 것은 인생이란 한쪽 길을 택한다고 해서
다른 쪽 길은 영영 못 가는 것이 아닙니다.
갈라진 길처럼 보이지만 멀어졌다 이내 만나기도 하고,
가던 길이 영 아니라면 돌아와 다시 갈 수도 있습니다.
때론 다르다 싶던 두 길이
결국은 같은 길이라는 걸 발견하게 될 때도 있습니다.

그래서 항상 선택보다는 선택 이후가 중요합니다.
어느 길을 선택하든 그 길에 집중할 수 있는 능력이
결과를 결정합니다. 따라서 선택을 할 때는
어느 쪽이 내가 더 나 자신을 몰입시킬 수 있는가에
기준을 두는 것이 좋습니다.
내가 선택한 방향에 충분히 몰입할 수 있다면
그것으로 이미 좋은 선택을 한 겁니다.
비록 그 결과가 좋지 않았다고 하더라도
몰입한 시간들은 분명 나를 한 걸음 더 발전시켰을 겁니다.
그러니 굳이 후회할 필요가 무엇이겠습니까?

| 일흔다섯 번째 만남

나쁜 습관 고치기,
의지보다 원인 파악 먼저

밤에 야식을 먹는 습관을 고치기 어렵다고
호소하는 분들을 종종 만납니다.
그분이 그다지 살이 찐 편이 아니라면
'야식의 즐거움을 왜 포기하려 할까.' 하는 생각도 잠시 하지만,
어쨌든 건강을 위해서 그런 결심을 하신 것이니
일단 해결책을 함께 찾아보려고 하죠.

그분들께 야식이 안 좋은지 알면서
왜 야식을 끊지 못하냐고 물으면,
열이면 아홉은 의지가 약해서라고 합니다.
얼핏 생각하면 맞는 말처럼 보이지만
사실 이 말은 올바른 대답이 아닙니다.

왜냐하면 대부분의 인간은 의지가 약합니다.
그러니 의지가 약해서란 말은 하나마나한 소리일 뿐이죠.
우리에게 진짜 필요한 답은 의지가 약한 우리가
어떻게 올바른 행동을 해낼 수 있을까 하는 점입니다.

저는 그분들께 무엇보다 왜 야식을 먹는지 찾아보길 권합니다.
원인은 여러 가지가 있을 수 있습니다.
우선 배가 고파서 식욕이 당길 수 있죠.
밤에 일을 많이 하는 사람이라면
업무 중 기분전환을 위해서 야식을 먹기도 합니다.
또는 낮 시간의 긴장이 충분히 해소되지 않거나
하루 일과를 마친 자신을 위로하고 격려하려고
야식을 먹는 경우도 있습니다.
흔치는 않지만 식구들끼리 이야기를 나누려고 야식을 먹기도 하고,
곁들여 마시는 술이 야식의 진짜 원인인 분들도 있습니다.
술을 마셔야 잠들기 쉬운 분들이죠.

중요한 것은 이런 습관이 발생한 이유를 찾아내는 것입니다.
모든 습관이 시작되고 유지가 되는 데엔 이유가 있기 때문에
그 이유를 해소해줄 대안을 하나씩 도입해서 실험해보면
습관의 원인을 찾을 수 있습니다.

예를 들어, 배만 채우고 칼로리는 거의 없는 음식을 먹어본 뒤
더 이상 야식이 당기지 않는다면 허기가 야식의 원인입니다.
가벼운 산책이나 친구와 전화 통화를 하고 나면
야식이 필요 없다면 기분을 전환하고 싶은 것이 야식의 원인이겠죠.

이유를 알아낸다면 그 다음은 쉽습니다.
원인을 아예 없애거나 원인을 채워줄 더 나은 대안을 택하면 됩니다.
밤에 쉽게 허기를 느끼는 것이 문제라면
일찍 자거나 저녁식사 때 천천히 소화가 되는 음식을 먹습니다.
하루 종일 일하느라 고생한 자신을 격려하고 싶은 분이라면
음식이 아닌 다른 방식으로
자신에게 좋은 선물이 될 일들을 만들어주면 됩니다.
식구들과 대화를 하는 수단으로 야식을 먹는다면
요즘 유행하는 유머를 말하면서 대화를 시작해볼 수 있습니다.

똑같아 보이는 습관도
그 속에 숨어 있는 이유는 사람마다 다릅니다.
그리고 그 이유를 찾아내는 유일한 방법은
스스로 실험을 해보는 것입니다.
막연히 의지를 강조하는 것은 우리를 자책감에 빠뜨릴 뿐입니다.
그보다는 습관의 출생 비밀을 알아내려는 탐구정신이
나쁜 습관으로부터 우리를 구원해줄 것입니다.

| 일흔여섯 번째 만남

화투치기,
과연 치매를 막을 수 있을까요?

나이를 먹을수록 자꾸 기억력이 떨어지고
잘 알던 것도 얼른 떠오르지 않습니다.
"저기 저 그거 있잖아." 하며 당황해하거나
아침에 일어나면 잠자기 전에 안경을 어디 두었나
한참을 헤매는 경우도 종종 생깁니다.
그럴 때면 이러다 치매가 오는 거 아냐, 하는 걱정도 들고
텔레비전에서 조기치매에 대한 이야기가 나오면 절로 눈길이 갑니다.

나이를 먹으면 몸의 근육이 줄어들고 순발력이 떨어지듯
두뇌 기능도 일부분 퇴화합니다.
계산속도도 느려지고 기억력과 집중력은 약해지고
융통성은 줄어듭니다.

반면 더 나아지는 능력도 있습니다.
지식과 경험이 쌓이면서
판단력이나 종합적인 사고력은 좋아집니다.
일을 처리하는 속도도 별 차이가 없습니다.
집중력이나 융통성은 줄어들지만
경험이 쌓이다보니 실수가 줄어들고 직관력은 나아져
느려진 처리 속도를 충분히 보상합니다.

그럼에도 우리는 젊은 시절의 체력이나 몸 상태를 그리워하듯
나이 들며 점점 약해져가는 두뇌 능력이 못내 아쉽습니다.
그러다보니 훈련을 통해 인지능력을 높여준다는
프로그램을 보면 관심이 가죠.
한 게임회사는 새로운 게임기를 홍보하면서
체육관에서 근육을 훈련하듯 두뇌 트레이닝을 꾸준히 하면
노화를 막을 수 있다고 선전을 하였습니다.
간단한 연산이나 낱말 찾기, 스도쿠 등을 꾸준히 하면
몸의 근육이 탄탄해지듯 인지능력도 발달해
두뇌의 노화를 막을 수 있다는 것이죠.

실제로 틀린그림찾기나 스도쿠는 반복하면 실력이 좋아집니다.
어떤 일이든 반복하면 당연히 그렇게 되죠.
속도도 빨라지고 정확성도 나아집니다.

하지만 그렇다고 다른 두뇌 기능이 같이 좋아지는 것은 아닙니다.
치매를 막으려고 화투를 치신다는 분이 많은데
화투를 자꾸 치면 화투 실력은 분명 나아집니다.
고수가 될 수도 있죠.
하지만 화투를 친다고 기억력이 좋아지거나
계산속도가 빨라지는 것은 아닙니다.
더군다나 치매를 막을 수는 없습니다.

실제로 미국 국립보건원이
노인 2,800명을 대상으로 대규모 임상연구를 실시했습니다.
노인들을 여러 그룹으로 나눠 두뇌 훈련을 6주간 실시한 거죠.
한 그룹은 단어를 외우게 하고 다른 그룹은 숨은그림을 찾게 하고
또 다른 그룹은 반복적으로 계산을 하게 했습니다.
결과는 이렇습니다.
어떤 그룹이든 훈련을 하면 훈련 전에 비해
훈련한 걸 더 잘하게 되었습니다.
하지만 딱 훈련한 그 프로그램만 잘하게 될 뿐
다른 능력은 나아지지 않았습니다.
실생활에서도 별 차이가 없었습니다.
그냥 반복연습한 것만 더 잘하게 된 것이죠.

아, 실망이십니까? 하지만 희망은 있습니다.

두뇌 운동보다 더 효과적인 운동이 있으니까요.
《네이처》에 실린 크래머 교수의 연구를 보겠습니다.
그는 노인들에게 1주일에 세 번, 45분씩 6개월간 유산소 운동을 시켰습니다.
그것만으로 전반적인 인지기능이 나아졌습니다.
뿐만 아니라 뇌영상촬영을 찍었더니 유산소 운동을 한 노인들이 운동을 하지 않은 노인이나 체조나 근력운동만 한 노인보다 뇌의 두께가 더 두껍게 유지되는 것을 확인하였습니다.

젊은 두뇌를 좀 더 유지하고 싶으세요?
두뇌 운동한답시고 화투를 치거나 스마트폰 게임을 하실 게 아닙니다.
바로 밖으로 나가서 걸어보세요.
다리를 움직여 두뇌에 혈액을 팡팡 보내주십시오.
두뇌 운동보다 다리 운동이 머리에는 보약입니다.

| 일흔일곱 번째 만남

믿음이 사람을
꽃피우게 합니다

'날 알아주는 사람이 한 사람만 있어도 내가 더 나은 사람이 될 텐데'
이런 마음 가져본 적 있으십니까?

로버트 로젠탈과 레노어 제이콥슨이란 심리학자는
이런 실험을 했습니다.
한 초등학교 전교생에게 시험을 보게 했습니다.
그리고 이 시험 결과를 교사들에게 통보하면서
일부 학생들을 지목해서는
'이 아이들은 영재성이 있으니 앞으로 성적이 좋아질 것'이라 하였고,
다른 아이들은 그렇지 않다고 말하였습니다.
그리고 이 결과를 학생이나 부모에겐 알리지 못하도록 했죠.
그런데 이 결과는 사실이 아니었습니다.

시험은 엉터리였고 그저 제비뽑기로 아이들을 선택해
영재라고 지목한 것이었죠.

한 해가 지나고 이번엔 진짜 지능검사를 실시하였습니다.
결과는 놀라웠는데, 영재로 지목받았던 아이들이
실제로 아이큐 점수가 높게 나왔습니다.
어떻게 이런 일이 벌어졌을까요?
선생님들이 차별을 하였을까요?
영재라고 일러준 아이들에게
더 많은 시간을 할애하고 더 많은 것을 가르쳤을까요?

그렇진 않았습니다.
이 실험에서 교사들은 아이들이 영재이든,
아니든 똑같은 대우를 하도록 주문을 받았거든요.
이유는 아주 미묘한 태도에 있었습니다.
교사들은 자기도 모르게
영재들이 어떤 문제를 틀리면 좀 더 적극적으로 도와주었고,
잘 풀면 그럴 줄 알았어, 하며 따뜻한 말을 건넸습니다.
어려운 문제도 과감히 제시하고 격려하며
끝까지 노력해보도록 이끌었습니다.
결국 아이들이 잘해낼 수 있을 것이란 믿음이
정말 아이들이 잘해낼 수 있도록 만든 겁니다.

믿는 자에게 길이 열린 셈이지요.
심리학에선 이것을 '자기충족예언'이라고 합니다.

부모들에게 저는 종종 이런 말을 합니다.
믿을 수 있는 것이 있어서 믿는 사람은 부모가 아니라고,
부모는 믿을 것이 없어도 아이를 일단 믿는 사람이라고.
나무를 보며 이 자리에 꽃이 필 거라고 믿으며
쳐다보는 게 부모라고.
그러면 그 자리에 정말 꽃이 핀다고,
그런 믿음으로 아이를 보라고 이야기합니다.

참 믿기 어려운 이야기지요.
하지만 믿는 데 돈이 들지는 않습니다.
오늘 직장에서, 가정에서 만나는 사람들에게 믿음을 가져보세요.
그들이 잘해낼 수 있는 사람이라고, 변화의 힘을 이미 갖고 있다고.
나는 그저 그 힘이 저절로 나올 수 있게
살짝 도와주는 사람일 뿐이라고 생각해보십시오.
비록 그렇지 않다고 해도 어떻습니까?
지금 내가 할 수 있는 최선은 그저 믿어주는 것이니까요.

| 일흔여덟 번째 만남

어떻게 싸워야
잘 싸우는 걸까요?

살면서 싸울 일이 없는 게 가장 좋겠지만,
때로는 싸울 수밖에 없는 경우도 있습니다.
상대방과 상황에 대한 이해가 다를 수도 있고,
의견이나 이해관계가 엇갈릴 수도 있습니다.
의견이 다른데도 싸우기 싫어서 적당히 덮고 넘어가면
나중에 더 큰 싸움의 원인이 되기도 합니다.

차라리 다툴 때는 다투고, 서로 적절한 선에서 타협해야
관계를 튼튼하게 만들어갈 수 있습니다.
실제로 결혼 초기에 부부싸움을 하지 않는 부부가
싸움을 많이 한 부부보다 3년 뒤 이혼율이 더 높다고 합니다.
서로 다른 사람이 만났으니 갈등은 당연한 것이며,

일시적으로는 고통스럽지만
결과적으로는 관계를 튼튼히 하는 데 갈등이 도움이 됩니다.
마치 꽉 끼는 아귀는 처음 끼울 땐 뻑뻑하고 힘이 들지만
한번 맞아서 끼워지면 빠지지 않는 것과 마찬가지죠.

그렇다고 모든 갈등이 다 관계에 좋은 건 아닙니다.
존 가트맨과 시빌 카레르 박사는 부부 사이에서
어떤 싸움이 생산적이고, 어떤 싸움이 해로운지 연구했습니다.
연구에 따르면 싸움을 시작한 지 첫 3분만 보아도
도움이 되는 싸움과 해로운 싸움을 구별할 수 있다고 합니다.

첫째, 불평으로 시작하는 싸움은 생산적이지만
비난으로 시작하는 싸움은 해롭습니다.
"집에 오니까 방에 벗어놓은 옷들이 널려 있어서 짜증이 났어."
이건 불평입니다.
반면 "힘들게 일하고 들어왔는데 집구석은 엉망이고
당신은 도대체 뭐하는 거야?" 이건 비난입니다.
불평은 얼마든지 가능하지만 비난은 곤란합니다.
비난은 상대방에 대한 전면적인 공격입니다.
옷을 아무 데나 벗어둔 나쁜 행동 '하나'를 말하면 될 것인데
'당신은 도대체 뭐하는 사람이야.' 하는 식으로
상대의 모든 것을 깔아뭉개는 거죠.

가끔 비난이 몸에 밴 분들이 있습니다.
그러면 관계를 잘 맺기가 어렵습니다.
공격은 상대의 공격을 낳고, 그러면 또 받아서 공격을 해야 하고
이렇게 공격을 하는 데 에너지를 다 쏟다보니
정작 해결해야 할 문제는 방치하게 됩니다.
누가 차비를 낼 것인지 싸우는 사이에 버스가 떠나는 셈이죠.
만약 다른 사람과의 관계에서 지속성이 약하다면
자신이 지나치게 공격형인지 한번 돌아봐야 합니다.

둘째, 사용하는 말에도 신경을 써야 합니다.
'당신은, 너는' 같은 2인칭 대명사보다는 '우리는, 나는' 같은
1인칭 대명사를 써서 이야기하는 게 좋습니다.
2인칭 대명사는 상대와 나의 틈을 벌리는 표현입니다.
'우리'를 많이 써야 같이 한편이 되어
문제를 해결하려는 마음이 더욱 잘 생깁니다.
몸짓도 중요합니다. 팔짱을 끼거나 다리를 꼬고 앉지 마세요.
상대의 눈을 보며 이야기하세요.
그래야 적대감이 줄어들고 상대의 말이 더 많이 들립니다.

어릴 때부터 우리는 싸우지 말라는 말을 듣고 자랐습니다.
그래서 잘 싸우는 법을 모릅니다.
잘 싸우는 건 상대를 효과적으로 제압하는 것이라 생각합니다.

하지만 잘 싸우는 것은 상대와 맞춰가며 한팀이 되는 과정입니다. 그러기 위해 첫 3분의 태도, 잊지 말아야겠습니다.

| 일흔아홉 번째 만남

제대로 항의하는 것도
능력입니다

다른 사람이 내게 잘못을 저질렀을 때
어떻게 항의하십니까?
따끔하게 이야기하시나요?
아니면 내가 화난 만큼 상대도 화나게 하시나요?

잘못의 종류와 크기에 따라 물론 다를 것입니다.
하지만 공격적으로 항의를 하면 자칫 내가 원하는 결과를
가져오지 못할 수 있습니다.

"내가 잘못한 게 있지만 왜 그렇게 말을 하느냐?"
"아니, 그럼 잘못을 인정하면 돼지. 왜 잘못을 하고서 큰소리냐?"

이런 식의 악순환에 빠져드는 것, 자주 볼 수 있는 풍경입니다.
내가 좀 세게 이야기하면 상대도 기분이 상해 공격적으로 반응하고,
나로선 적반하장이란 생각에 더 화가 납니다.
한참 지나다보면 잘잘못은 사라지고 감정 다툼만 남습니다.
누구나 처음엔 문제 해결을 바랬지 싸움을 원하진 않았을 겁니다.
하지만 시간이 흐르면 문제는 사라지고 싸움만 남는 경우가 많습니다.

인간이란 옳고 그름에 따라 움직이는 종이 아닙니다.
자기편인지, 남의 편인지 중요하고,
내게 유리한지, 불리한지가 더 중요하죠.
이런 인간의 특성상 잘잘못을 따지는 순간
이미 상황은 엉망인 경우가 많습니다.

불필요한 감정 다툼을 막기 위해선 시작하는 말이 중요합니다.
"바쁘시다보니 잊으셨나봐요.
이런 일이 생겨서 제가 난처한 기분이에요."

이렇게 말하면 상대방에게 숙이고 들어가는 것처럼 느껴지십니까?
하지만 상대 입장을 배려하는 부드러운 말투가
오히려 내게 유리합니다.
싸움을 피하고 에너지 낭비를 최소화하면서도
내가 받을 권리를 더 잘 찾을 수 있습니다.

무엇보다 상대의 선의를 믿어야 합니다.
두 번까지는 상대가 선의가 있다고 가정하고,
부드럽게 요구사항을 전달하십시오.
그럼에도 상대가 충분한 해결책을 내지 않을 경우엔
좀 더 강하고 단호하게 나가도 좋습니다.

상대에게 선의가 없고, 오직 나를 속일 의도만 있다 하더라도,
강하게 맞붙으면 오히려 상대가 놓은 덫에 걸릴 수가 있습니다.
만약 상대가 의도를 가진 악인이라면
내 감정을 자극해서 날 지치게 하거나
실수하도록 만들어 자기에게 유리한 상황을
만들려고 하는 경우도 있습니다.

강하게 한번 붙어서 기분을 풀려는 것이 아니라면,
끝까지 물고 늘어지더라도
내가 원하는 걸 얻어낼 생각이라면
처음엔 부드럽게, 공격적이지 않게
이야기를 끌고 가십시오.

부드러운 것이 결코 약한 것은 아닙니다.
나를 보호하고, 문제를 해결하기 위한 중요한 기술입니다. ✿

| 여든 번째 만남

다른 사람을 설득하는
가장 좋은 방법

많은 분들이 상대를 설득하면서
그 근거로 자신이 중요하게 생각하는 것을 내세우곤 합니다.
하지만 자신에게 중요하다고 남에게도 중요한 건 아닙니다.
예를 들어 양식보다 한식을 먹자고 하는 상대를 설득할 때
이렇게 말하는 분이 있습니다.
"양식은 좋지 않아. 푸짐하게 먹은 느낌이 안 들거든."

그런데 반찬이 다양한 것보다 한두 개라도 깔끔하고 맛깔스러운
요리를 원하는 사람이라면 이런 주장에 동조하기 어려울 것입니다.
그런 분에게는
"이번엔 한식이 어떨까? 그 집은 요리 하나하나가 깔끔하더라고."
이렇게 설득하는 편이 나을 겁니다.

내게 중요한 것이 아니라 상대가 중요하게 생각하는 것을
가지고 설득해야 효과가 있지요.
그래서 남을 설득하려는 사람은 무엇보다
다른 사람의 이야기를 열심히 들어야 합니다.
단순히 이야기를 듣는 것을 넘어서
그가 무엇을 중요하게 생각하는지,
어떤 기준을 갖고 살아왔는지를 알아야 합니다.
왜냐하면 사람은 실천까지는 몰라도 생각만큼은
자신의 일관성을 지키려고 노력하기 때문입니다.
자기가 정한 기준을 스스로 어긴다고 느끼면
자기도 모르게 불쾌감이 들고
남이 그것을 지적하면 빠르게 수정해서
창피를 피하려고 합니다.

예를 들어 선거에서 지지 후보를 설득할 때도 마찬가집니다.
내 기준 말고, 상대의 기준으로 설득해야 합니다.
만약 자기의 힘과 노력으로 부지런하게 사는 것이
중요하다고 말해온 사람에게는 그 기준에 비춰볼 때
어떤 후보가 더 적합할지 물어봐야 합니다.
물론 거기에 맞춘 설득력 있는 자료도 같이 제공해야겠죠.
또 자기가 한 말은 꼭 지키는 것이 중요하다고
강조해온 사람에겐 후보들이 지금까지 해온 말과 실천,

그 사이의 일관성을 예시해주며 설득해보세요.
그래야 효과가 있습니다.

상대가 중요하게 생각해온 기준을 토대로 이야기를 하면
상대는 자기가 그동안 말해온 것을 부정할 수 없기 때문에
차라리 자기가 원하는 후보를 부정해서
자기의 일관성을 지키려는 태도를 취하기 쉽습니다.
그래서 자기도 모르게 내 말에 설득이 될 가능성이 높아집니다.
이처럼 상대가 가장 중요하게 생각하는 것을 중심으로
설득하는 방법은 물건을 팔 때나, 사업을 제안할 때나
어떤 상황에서든 적용할 수 있습니다.

다만 반드시 주의할 점이 있습니다.
당신이 선택한 방향이나 행동이
스스로가 정한 기준에 맞는 거냐고 물어보는 건
분명 상대방에겐 공격처럼 느껴질 수 있습니다.
따라서 최대한 정중하고 겸손한 태도를 유지해야 합니다.
그래야 상대는 나의 지적을 공격이 아닌
내편에 서서 이야기하는 것이라고 느끼게 됩니다.
만약 그렇지 않고 비난하듯 말하면 상대는 화를 내고
너나 잘하라며 대화를 엎어버릴 수도 있습니다. ✿

| 여든한 번째 만남

우리는 왜 거짓말에
잘 속을까요?

영화에 나오는 형사들은 날카로운 눈으로
용의자가 거짓을 말하는지 진실을 말하는지 금방 알아봅니다.
그리고 동료에게 말하죠.
"눈빛이 흔들리는 걸 발견했어."
그러나 이런 형사는 영화에만 존재합니다.

캐나다 맥길 대학의 탤워 교수의 연구에 의하면
평범한 아이들이 하는 거짓말을 알아차릴 확률이
경찰관의 경우 고작 45퍼센트밖에 되지 않았다고 합니다.
일반인의 평균이 50퍼센트인데 그보다 낮은거죠.
사실 50퍼센트의 확률이란 것도
그냥 무작위로 찍는 거나 마찬가지 확률입니다.

사람들의 생각과 달리 상대가 거짓말을 하는지
얼굴만 보고 맞추는 일은 쉽지 않습니다.

포츠머스 대학교의 앨더트 브리지 교수는
거짓말에 관한 150가지 연구를 종합해서 분석했는데,
그 결과 거짓말 탐지와 특별한 연관이 있는
언어적, 비언어적, 심리적 신호라는 건
존재하지 않는다고 보고했습니다.

사람들은 흔히 거짓말을 할 때 시선을 회피한다거나,
얼굴이 붉어지는 등의 변화가 온다고 생각합니다.
그러나 시선을 피하는 것은
대개 수치심을 느낄 때 나타나는 현상이고
얼굴이 붉어지는 것은
긴장이나 혼란스러운 감정과 관련이 있습니다.
연구에 의하면 이런 행동들은
말하는 사람의 성격과 관련이 있을 뿐
거짓말의 증거로 삼기엔 곤란하다고 합니다.

이처럼 누군가가 거짓말을 하는 것을 알아채는 것은
누구에게나 무척 어려운 일입니다.
그런데 우리가 거짓말에 잘 속는 이유는

거짓말임을 알아채기 어렵기 때문만은 아닙니다.

인간은 본능적으로 상대가 진실을 말한다고 믿고 싶어 합니다.
우리는 하루에도 수백 번 다른 사람과 대화를 나눕니다.
그런데 매번 이야기할 때마다
혹시 이게 거짓일지 모른다고 의심을 한다면,
우리의 일상은 의심과 확인 과정으로 가득 찰 겁니다.
그것은 너무나 큰 에너지 낭비로 그런 식으로 시간을 보내다간
우린 어떤 일도 제대로 할 수 없을 것입니다.
따라서 우리는 일단 다른 사람이 말을 하면
사실일 거라고 믿습니다.
이것을 진실 편향이라고 합니다.

이처럼 어떤 말이 거짓말인지 알아보기도 어렵고,
우리 스스로도 상대의 말을 진실이라고 믿고 싶어 하기 때문에
직업적인 거짓말쟁이들은 살아남기에 유리합니다.

**따라서 일상의 가벼운 일은 대충 넘어가더라도
중요한 결정을 앞두고 있다면
신중하게 확인을 해보는 편이 좋습니다.**
확인에 가장 좋은 방법은 무엇보다
상대의 과거 행적에 대한 조사입니다.

짧은 순간 말로 속일 수는 있겠지만
자신의 과거 이력 전체를
다 감춘다는 건 쉽지 않은 일이니까요.

의외로 가장 잘 속는 사람들은 자신의 감을 믿는 사람입니다.
스스로 사람 보는 눈이 있다고 생각하는 사람들이죠.
그런 사람일수록 구체적인 조사나 확인을 하지 않기에
사기꾼들은 그런 사람들을 범죄 대상으로 삼곤 합니다.
차라리 스스로 어리숙하다고 생각하는 사람,
그래서 돌다리도 두드려보는 사람이 큰 위험을 피할 수 있습니다.

| 여든두 번째 만남

남의 거짓말을 알아보는
가장 좋은 방법

다른 사람의 말이 진실인지, 거짓인지
판단하는 것이 어렵다는 건 앞에서 다뤘습니다.
중요한 결정을 내리기 위해선
상대의 과거 이력을 조사해보는 것이 꼭 필요하죠.
하지만 지금 당장 어떤 결정을 내려야 하고,
조사할 시간이 없다면 진실성을 판단할 방법이 없을까요?

의사소통 전문가들은 상대방을 만날 때 최초 3분을
상대에 대한 기준을 정하는 시간으로 삼아보라고 권합니다.

우선 상대에게 진실을 이야기할 수 있는 질문을
두세 가지 합니다. 예를 들어

"이 회사 사장님 성함은 어떻게 되나요?"
"여기가 영등포구 무슨 동이죠?"
이런 질문은 굳이 거짓으로 답할 이유도 없고
거짓인지 아닌지 들으면 바로 알 수 있는 질문입니다.

그렇게 질문을 하고 난 뒤 답을 하는 상대의 반응을 살핍니다.
특히 얼굴, 그중에서도 눈동자를 봅니다.
상대가 진실을 말하는 순간
눈동자가 위로 움직이는지, 옆을 보는지 살핍니다.
눈동자 외에도 고개는 내미는지,
팔짱을 끼는지 등 특이한 버릇이 있는지 살핍니다.
목소리의 톤도 중요합니다.

진실을 물었을 때 상대가 보이는 동작이
그 사람이 다른 경우에도
진실을 말할 때의 동작일 가능성이 높습니다.
그리고 이 동작은 거짓을 말할 때는
반대로 나오거나 나오지 않습니다.
예를 들어 사실을 기억할 때 오른쪽 위를 보는 사람이라면
거짓을 지어 말할 때는 왼쪽 위를 볼 가능성이 높은 거죠.

첫 3분은 거짓말을 구별하기 위한

기준 설정만을 위해 중요한 건 아닙니다.
상대의 평상시 스타일을 파악할 수 있습니다.
지배적인 기질을 갖고 있는지, 아니면 순종적인 스타일인지.
공격적으로 끊어서 말하는지,
아니면 상대를 배려하며 조심스럽게 말하는지 알 수 있습니다.

이런 기질적 특성은 상대에게 내 요구를 전달할 때
어떤 방식을 택하는 게 효과적인지를 정하는 데 중요합니다.
예를 들어 지배적인 기질의 상대라면
나에게 어려움이 닥쳤으니 도와달라는 방식이 좋고,
순종적인 스타일이라면 옳고 그름을 나누어
따지면서 요구하는 것이 낫습니다.

이처럼 우리의 행동은
우리 마음을 드러내는 창인 경우가 많습니다.
놀랍게도 첫 3분이면 내면의 많은 것이 드러납니다.
따라서 이 시간 동안 상대를 깊게 관찰해서 기준을 정하면
상대의 마음을 엿보고 행동을 예측하는 데 도움이 됩니다.

그렇다고 너무 기계적으로 적용하면 곤란합니다.
눈동자만 오른쪽으로 돌아가도
거짓말일 거라고 의심한다면 안 될 일이죠.

상대에 대한 파악보다는
상대에게 진실하게 대하는 것이
관계에선 더 중요하다는 것 잊지 말아야겠습니다.

| 여든세 번째 만남

꾸준한 기록이야말로
가장 좋은 멘토

체중을 빼고 싶다면 운동도 중요하지만
아무래도 식이요법을 병행하지 않으면 쉽지 않습니다.
식이요법이라면 무조건 굶는 것을 연상하기 쉽지만
비만 환자를 돌보며 식이요법에 대해 조언하는 의사들은
'식사일지'만 꾸준히 써도 큰 효과가 있다고 이야기합니다.
'식사일지'란 자신이 먹은 것을 꾸준히 적는 것뿐인데,
왜 체중을 줄이는 데 효과가 있을까요?
분명 글씨 쓰는 데 드는 에너지 때문은 아닐 겁니다.
무엇을 먹었는지 매번 적는 과정은
자신의 행동을 객관적으로 돌아보게 합니다.

사람은 끊임없이 자기 자신을 속입니다.

음식을 먹고도 얼마 먹지 않았다고 기억하고
심지어 먹은 것 자체를 잊기도 합니다.
그래서 나온 말이 물만 먹어도 살이 찐다는 말이죠.
자기를 한심하게 생각하면 너무 괴롭고,
문제의 원인이 자신이라는 것을 받아들이기가 힘든
인간이 가진 심리적인 속성 때문입니다.
하지만 먹은 음식을 적는 시간은
자기 자신을 그대로 바라보게 합니다.
스스로를 속일 수 없게 만들죠.

식사일지의 또 하나 중요한 역할은
자신의 행동 패턴을 이해하도록 도와준다는 점입니다.
'식사일지'를 1주일만 꾸준히 써보면
자신이 어떻게 식사와 간식을 하고,
그것이 왜 체중을 늘리는지
누가 설명하지 않아도 이해할 수 있습니다.
그리고 어느 부분을 바꿔야 할지도 스스로 깨닫게 됩니다.
일반적으로 다이어트를 고민해온 분들이라면
다이어트에 대한 지식은 충분히 가진 경우가 대부분입니다.
부족한 게 있다면 오히려 자기 자신에 대한 솔직한 인식입니다.

한 가지 효과가 더 있습니다.

사람은 단순한 기록자가 아닙니다.
CCTV나 녹음기라면 단순히 기록만 남기겠지만
사람은 기록을 하는 순간 미래의 행동을 생각합니다.
식사일지를 쓰면서 늦은 오후 과자를 많이 먹는 것이
문제라고 느낀다면,
그 순간 늦은 오후의 허기에 어떻게 대응할지
방법을 생각하게 되는 게 사람입니다.

'열량이 적은 간식으로 먹어볼까?'
'점심식사 메뉴를 바꿔 허기를 늦게 느끼게 할까?' 이런 식으로요.
그리고 그 바꾼 행동의 결과를 체중 감소로 확인하면서
더 열심히 기록하게 되죠.

기록하는 습관은 꼭 체중 감소에만 효과가 있는 것은 아닙니다.
자신이 바꾸고 싶은 어떤 행동이 있다면
그와 관련한 기록을 꾸준히 남겨보세요.
하루 5분이면 충분합니다.
걸은 길이와 운동량, 읽은 책의 양,
사람들에게 먼저 긍정적인 말을 한 것 등
무엇이든 목표로 정한 분야에 대해 기록하면 됩니다.
그 기록이 분명 변화를 꿈꾸는 당신의
가장 좋은 멘토가 되어줄 것입니다.

| 여든네 번째 만남

끝이 좋으면 다 좋다고
말하는 이유

프린스턴 대학교의 대니얼 카너먼 교수는 이런 실험을 했습니다.
실험 참가자들을 반으로 나누어
한 그룹에는 고통스러울 정도로
시끄러운 소음을 들려주었습니다.
그리고 다음 그룹에는 첫 번째 그룹과 같은 소음을 들려준 다음
추가로 덜 고통스러운 소음을 들려주었습니다.
그리고 얼마나 괴로움을 느꼈는지를 보고하도록 했습니다.
어느 쪽이 더 괴로워했을까요?

두 번째 그룹은 첫 번째 그룹이 들은 소음을 다 듣고
거기에 더해서 추가적인 소음을 들은 겁니다.
객관적으로 보자면 더 많은 괴로움을 경험한 것이죠.

그런데도 두 번째 그룹에 속한 사람들은
첫 번째 그룹에 속한 사람들보다
괴로움의 수준을 낮게 보고했습니다.

이처럼 사람들은 고통의 총량보다는
고통의 평균에 더 민감합니다.
또 고통의 기간이 얼마나 길었는지보다는
고통의 강도가 얼마나 셌는지,
특히 마지막에 얼마나 강했는지에 주목합니다.
쓴약을 네 번 먹이는 것보다 쓴약을 네 번 먹이고,
조금 덜 쓴약을 추가적으로 먹이면
사람들은 약을 좀 덜 쓰게 먹었다고 생각하기 쉽습니다.
얼음물에 손을 1분간 담근 다음에 30초 동안 찬물에 담그면
사람들은 1분간 얼음물에만 담갔던 것보다 덜 차갑게 기억합니다.

이러한 인지편향은 고통뿐 아니라
즐거움에 대해서도 마찬가지로 나타납니다.
재미있는 순간이 짧았더라도 막판에 아주 유쾌했다면,
전반적으로는 좋았지만 좀 밋밋했던 프로그램보다
더 좋은 기억으로 남곤 합니다.
등산을 할 때 오르느라 죽을 고생을 했더라도
정상을 밟고 내려와 기분 좋게 막걸리 한잔을 하고나면

등산이 참 좋았다 생각하기 마련입니다.

인연에 있어서도 마찬가지입니다.
내게 오래 행복을 준 소중한 사람보다
짧지만 강렬한 순간을 경험하게 한 잠시 스쳐간 인연이
더 깊은 인상으로 남을 수도 있습니다.
그래서 조강지처보다는 위험하지만 낭만적인 사람을 찾고
찬찬히 돌아보면 안 좋았던 기억이 더 많음에도
내게 인상적인 가르침을 준 선생님이나 상사를 오래 기억합니다.
물론 이러한 인지는 분명 왜곡된 인지편향입니다.
그렇지만 현실에서 적절히 활용한다면 도움이 될 수 있습니다.

내가 지금 하고 있는 일들을 돌이켜봅니다.
지난 시간 동안 힘든 일이 많았고,
즐거운 일은 얼마 없었을지도 모르겠습니다.
뭘 하며 지냈는지 기억조차 안 날 수도 있겠죠.
그렇다면 앞으로의 시간 동안
최선을 다해 만족스러운 삶을 살아보는 것은 어떻겠습니까?
지금 내가 알고 있는 사람들과의 관계에서도 마찬가지입니다.
지난 시간이 어떻든 간에 이제부터 어떻게 하나에 따라,
오늘을 기점으로 어떻게 하느냐에 따라,
사람들은 나를 다르게 기억할 수 있습니다.

마음연구 보고서

월요병 탈출, 뭐 좋은 방법 없을까요?

월요병이란 말, 직장인이면 누구나 다 아실 겁니다.
월요일엔 눈을 뜨자마자 바로 피로감이 몰려오죠.
그리고 아무것도 하기 싫은 의욕상실을 경험합니다.
물론 한 번 더 알람이 울리면 천근만근인 몸을 추슬러
출근 준비를 하지 않을 수 없습니다.
월요병에 병가를 인정해주는 직장은 없으니까요.

호주에서 실시한 한 연구를 살펴보면,
사람들에게 지난 1주일 중 가장 우울한 아침과
가장 좋은 아침을 기억해보라고 했을 때,
65퍼센트가 월요일 아침이 가장 우울하다고 답했고,
45퍼센트가 토요일 아침이 가장 좋다고 답했다고 합니다.
하지만 매일매일 기분 일지를 적어보도록 하면
실제로 월요일의 기분이 가장 나쁜 건 아니었다고 합니다.
그럼에도 나중에 기억할 때는
월요일에 기분이 가장 나빴다고 기억하죠.
그냥 월요일 아침을 한 주일의 고생에 대한
희생양으로 삼는 겁니다.

여기 월요병에 대한 또 다른 연구도 있습니다.
펜실베이니아 주립대학교의 시민 초우 교수는
사람들의 감정변화를 10주간 세밀하게 측정한 결과
규칙적인 주기를 발견했습니다.
사람들의 감정은 단일한 주기가 있는 것이 아니고
긍정적인 감정과 부정적인 감정이
각각 다른 주기로 별도로 움직이고 있습니다.
그리고 월요병은 부정적인 감정의 주기가 올라갈 때 생긴다기보다는
긍정적인 감정의 주기가 내려오면서 생긴다는 것을 발견하였습니다.
즉, 새로운 한 주가 되어 일을 해야 한다는 부담 때문에
우울한 것이 아니라 주말의 행복한 느낌이
급격히 사라지면서 우울해진다는 겁니다.

이 이론에 근거한다면 월요병을 이기는 방법은
주말의 즐거움을 줄이는 데 있습니다.
즐거움을 급격히 줄이지 않고 서서히 줄이면
월요병이 덜 발생한다는 거죠.
공부를 하는 학생들에게 주말 오후엔 무리해서 놀지 않고
저녁에 다음 주 공부를 예습하도록 하면
월요일을 무난하게 보낼 수 있다거나,
주말에 집에서 아가를 보려고 힘든 시간을 보낸 아빠들은
월요병이 오지 않는다는 점 등은

이 이론의 타당성을 높여줍니다.
사실 주부들도 월요병이 따로 존재하지 않습니다.

그렇다고 월요병을 막으려고
휴식시간이 극도로 적은 한국 사회에서
주말마저 실컷 놀지 못한다면
너무 억울한 일이 아닐 수 없습니다.
혹시 회사에서 이런 걸 강요한다면 참을 수 없겠죠.
차라리 이런 주장도 가능합니다.

"월요병이 걱정이라면 월요일 오전엔 회사에서
편안한 시간을 보내도록 하자.
그러면 월요병이 오지 않을 것이다."

정말 맞는 얘기입니다.
물론 실현 가능성이 높을지 모르겠지만요.

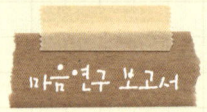
마음 연구 보고서

마시멜로 연구, 그 두 번째 이야기

마시멜로 연구에 대해서 한번쯤 들어보셨을 겁니다.
만 네 살짜리 유아들을 대상으로 한 실험에서
자기 앞에 놓인 마시멜로를
먹지 않고 참아내어 보상을 받은 아이들이
나중에 자라서 공부도 잘하고 대인관계 능력도 우수하다는
스탠포드 대학교 월터 미셸의 기념비적 연구죠.

이 연구가 처음 시행된 지 40여 년이 지난 시점에
로체스터 대학교에서 새로운 실험이 이뤄졌습니다.
첼레스테 키드와 연구진은 아이들을 두 집단으로 나누어
사전에 다른 경험을 갖도록 한 뒤 마시멜로 실험을 했습니다.

사전 경험은 두 가지였습니다.
우선 아이들에게 중고 크레용 상자를 나눠주고
조금 후에 더 크고 좋은 것으로 갖고 오겠다고 약속을 했습니다.
그리고 한 집단에겐 약속을 지켰지만
다른 집단에게는 크레용이 다 떨어졌다며 빈손으로 갔습니다.

그리고 잠시 뒤, 작은 스티커를 이용해 같은 경험을 하게 했습니다.

작은 스티커 한 개를 준 다음에 조금 있다가

더 크고 멋진 스티커 세트를 갖다주겠다고 약속했습니다.

이번에도 크레용 때 약속을 지킨 집단의 아이들에게는

약속을 지켜 스티커 세트를 갖다주었지만,

약속을 안 지켰던 집단의 아이들에겐 또다시 약속을 어겼습니다.

그러곤 월터 미셸의 실험처럼 마시멜로 실험을 했습니다.

결과는 놀라웠는데, 두 번에 걸쳐 약속을 지킨 집단에서는

열네 명 중 아홉 명이 마시멜로를 먹지 않은 반면,

두 번 다 약속을 어긴 집단의 아이들은 열네 명 중 한 명을 빼고는

모두 마시멜로를 먹어버렸습니다.

평균적으로 참아낸 시간도 12분과 3분으로 큰 차이가 났죠.

결국 과거에 약속이 잘 지켜지는 환경을

경험한 아이들은 잘 참은 반면,

일관성 없는 환경을 경험한 아이들은 자기 조절에 실패한 겁니다.

그런데 이런 선택은 알고 보면

자신의 경험에 기반한 지극히 합리적인 결정입니다.

어차피 약속이 안 지켜진다고 생각한 아이들의 입장에선

빨리 먹는 것이 조금이라도 유리하기 때문입니다.

과거의 마시멜로 실험이 아이들이 가진 정서조절 능력이
아이의 미래에 중요하다는 결론을 내렸다면,
새로운 마시멜로 실험은 그러한 능력이 순수하게 타고 난 것이 아니라
환경의 영향을 받는다는 것을 입증했습니다.
만 네 살에 불과한 아이들인데도 환경의 영향이,
아이의 미래를 좌우할 수 있는 조절 능력의 차이를 만들어내는 것입니다.
두 가지 연구가 도달한 결론은 지극히 상식적입니다.

'아이들의 미래는 타고난 부분도 중요하지만
자라난 환경의 영향도 크다.
아이들의 조절력을 높이기 위해선 아이들을 탓할 것이 없다.
일관성 있는 어른들의 행동이 중요하다.'

아이들만 그렇겠습니까?
우리 모두 환경의 영향을 받고 있습니다.
내가 다 내가 아닙니다.
나를 둘러싼 환경이 모두 합쳐서 나를 이루는 겁니다.
그러니 진정 더 나은 미래를 위한다면 당사자만 탓할 일은 아닙니다.
우리가 놓인 환경의 변화를 함께 고려할 때
목표 달성에 좀 더 다가갈 수 있습니다.

6

마음도
병에
걸립니다

| 여든다섯 번째 만남

감정은 두뇌에서
어떻게 기억이 되나요?

공포증은 상당히 흔히 볼 수 있는 증상입니다.
공포증을 갖고 계신 분들은 한결같이
이성적으로 생각해보면 위험하지 않다는 건 알겠는데
그래도 너무 무섭다고 이야기합니다.
예를 들어 고소공포증이 있는 분들도
놀이기구가 그리 위험하지 않다는 것은 압니다.
안전장치가 있으니 사고의 확률은 교통사고에 비하면 현저히 낮죠.
그런데도 막상 높은 곳에 올라가야 한다면
다리가 후들거리고 속이 메스꺼워지고 견디기 어렵습니다.
괜찮다고 마음을 다스리려고 해도 몸이 더 강하게 반응합니다.

이처럼 우리는 이성적인 생각과

몸의 반응이 따로 노는 경우가 많습니다.
그 이유는 우리 뇌에서 정서적인 기억과 인지적인 기억이
각각 다른 부위에서 처리되기 때문입니다.

만약 우리가 경험한 사건이 평범한 사건이라면
그저 인지적인 처리 과정만 밟습니다.
하지만 어떤 사건이 강렬한 정서 반응이 동반된 경우라면
기억은 두 갈래 길을 통해 이뤄집니다.
사건의 구체적인 내용에 대한 인지적 기억은 해마라는 부분이 하고,
그 순간의 정서적인 느낌은 편도체에서 기억합니다.
편도체는 사건의 세세한 내용은 모른 채
몇 가지 단서와 그 순간의 정서 반응만 기억하죠.

어린아이가 혼자서 올라간 소파 위에서
다리가 후들거리고 무서워서 주저앉은 경험을 하였을 때
그 순간의 자세한 상황과 선후관계는 해마에서 기억합니다.
하지만 해마의 기억은 시간이 지나면 대개 사라집니다.
반면 그 순간의 두려운 감정, 다리가 떨리는 느낌, 위기감 등
느낌과 감정은 편도체에서 처리되는데,
편도체의 기억은 오래 남아서
비슷한 상황이 발생할 경우 바로 '느낌'으로 되살아납니다.

자라면서 무수한 사람들에게
그런 걸 뭘 무서워하느냐는 말을 듣기도 하고,
스스로도 마음을 다스리려고 노력을 했더라도 별 효과가 없습니다.
편도체는 감정 뇌라서 이성적 사고의 영향을 받지 않는
독립적인 기억 장소입니다.
그러니 이성적인 사고를 통해 괜찮다고 말해봐야
별 소용이 없는 겁니다.

그럼 해결책은 무엇일까요?
가장 효과적인 방법은 동일한 상황을 다시 유도한 뒤
그 순간 다른 정서를 경험하게 하는 것입니다.
새로운 정서 기억으로 예전의 정서 기억을 덮어버리는 거죠.
공포증을 가진 분들에겐 두려움을 느끼는 상황을 재연하고
그때 안도감을 느낄 수 있도록 훈련합니다.
생각만 해도 가슴이 두근거리는 사랑하는 사람을 잊고 싶다면
상대방을 만나되 그 순간을 엉망인 경험으로 만들면 됩니다.

감정이란 참 강합니다.
자기 방을 만들어놓고 이성이 들어오지 못하게 하죠.
하지만 감정의 방문을 열고
그 자리에 제대로 된 녀석을 앉힌다면
우리의 힘은 더 강해질 수 있습니다. ❋

| 여든여섯 번째 만남

착한아이콤플렉스,
어떻게 벗어날까요?

"전 어린 시절부터
'부모님이 저렇게 고생하시니까 나라도 잘해야지.' 하며
부모님 말을 무조건 따르려 했습니다.
그런데 그러다보니 세상 사람들도, 심지어 동생들까지도
저를 착하고 순진하게 보며 무시하는 겁니다.
모두를 위해 희생을 한 것인데 오히려 무시를 받으니
이제는 이렇게 살아온 것이 너무 억울하고 분하기만 합니다."

착한아이콤플렉스라는 말이 있습니다.
착한 아이가 되어야 사랑받을 수 있다는 생각에
자신이 바라는 욕구와 소망은 다 누르고
남이 바라는 대로만 살려고 애쓰는 걸 말합니다.

착한 아이가 되려는 마음이야 나쁠 것이 없습니다.
좋은 인간이 되려는 마음도 그 자체로선 좋은 것입니다.
문제는 착하지 않으면 사랑받을 수 없다,
좋은 인간이 아니면
아무도 날 좋아하지 않을 거란 생각입니다.
마음속 깊은 곳에 자신을 믿지 못하고,
스스로를 부정적으로 보는 생각이 자리 잡고 있는 거죠.
그래서 남이 조금만 자기를 나쁘게 보는 것 같아도 찔끔하고,
남의 부정적인 평가에 금세 주눅이 듭니다.

늘 남의 눈치를 봐야 하니, 자기 자신을 돌보는 건 뒷전입니다.
그러다보니 자기는 항상 소외되죠.
내 인생의 주인이 내가 아니라 남의 시선인 겁니다.

이런 생활을 오래 하다보면
자기 영혼은 돌봄을 받지 못해 지치고 힘이 듭니다.
남의 눈치를 보면서 살려고 해도
눈치 볼 에너지마저 떨어집니다.
자기를 돌보지 않다보니 당연히 생기는 현상입니다.

상담하신 분의 사연을 듣다보니 이 분은
아직도 다른 사람의 시선이 우선이란 생각이 듭니다.

나를 무시하는 듯해 기분 나쁘다고 말하고 계시니까요.
하지만 남이 무시하는 것보다 더 무서운 것은
내가 나를 무시하는 겁니다.
다른 사람만 위하며 살아온 게 억울하다 하셨죠.
하지만 정말 억울한 것은 내가 나를 더 챙겨주지 못한 겁니다.

왜 이렇게 되었는지, 이젠 중요하지 않습니다.
부모님이 날 어떻게 키웠든,
이제는 나도 날 키운 부모님보다
모자랄 게 하나 없는 똑같은 어른입니다.
어쩌면 어린 시절 나를 키웠던 부모님보다
지금의 내 나이가 더 많을지도 모릅니다.
어른인 내가 나를 무시하지 않고,
챙겨주고, 위해줘야 합니다.
있는 그대로의 나를 좋아해야 합니다.
남이 아껴주지 않으니까 내가 더 나를 좋아해야 합니다.
그리고 더 멋있어지려고 노력해야 합니다.
부족하고 모자라서 멋있어지려고 애쓰는 것이 아니라,
좋아하기에 더 멋있게 변하려 하는 겁니다.
착한 아이가 아닌, 나 스스로를 좋아하는 아이가 되는 것.
이것을 목표로 잡아 꾸준히 노력해보십시오.

| 여든일곱 번째 만남

제대로 해야만
사랑받을 수 있는 건가요?

"저는 대학생인데 발표 수업이 가장 싫습니다.
수많은 사람들 앞에 나아가서 발표를 할 때면 사람들이
제 잘못을 찾아내기 위해 저를 샅샅이 살피는 느낌을 받아요.
속으로 저를 비웃을 것 같다는 생각도 들죠.
그렇다고 제가 내성적인 성격도 아니에요.
다만 발표할 때는 완벽해야 한다는 압박감이 저를 괴롭힙니다."

자신이 잘못한 것을 찾아내기 위해 샅샅이 살피는 시선은
다른 사람의 것이 아닙니다. 질문을 한 자신의 시선입니다.
속으로 자신을 비웃는 것 역시 다른 누가 하는 게 아닙니다.
자기 자신이 하는 것입니다.

우리 모두는 그저 잘하는 것에 만족하지 못하고
완벽하고 싶어합니다.
어릴 때부터 내게 주어진 기대들, 그리고 그 기대를 채워서
사랑받고 싶은 마음이 내게 완벽주의를 심어주었습니다.
처음부터 이루지 못했다면 약해졌으련만
노력으로 꽤나 성공해왔을수록 완벽주의는 점점 더 나를 죄어옵니다.

이런 완벽주의의 뒷면에는 수치심이 있습니다.
완벽한 모습을 보여주지 못하면
창피하다는 황당한 걱정이 있습니다.
그렇게 불가능한 목표를 만들어두면
걱정이 들지 않을 수가 없죠.
또 발표를 앞두고 긴장하지 않을 수가 없습니다.
누구나 창피를 당하고 싶진 않으니까요.

그런데 도대체 지금 누가 내게 완벽함을 강요합니까?
완벽하지 않다고
내게 손가락질할 사람은 도대체 누굽니까?
어디 다른 곳에 있지 않습니다.
오직 나만이 나를 평가하고 있습니다.
그 정도는 돼야 사랑받을 수 있다고,
그 정도는 해야 욕먹지 않을 거라고.

내가 기준을 만들어놓고 스스로 그 기준에 허덕이고 있습니다.

오히려 자신의 약점을 남에게 말하십시오.
가깝고 의지할 누군가가 있다면
그 사람에게 내 턱없는 기준과 그걸 이루지 못하면
수치심을 느끼는 자신에 대해 말해보세요.
그리고 공감과 위로를 받으십시오.
말하고 도움을 요청할 때
불필요한 긴장은 바람 빠지듯 사라질 것입니다.

그리고 자신에게 말하십시오.
'실수해도 괜찮아. 그렇게 커가는 거야.
그 과정을 통해 내가 성장하는 거야.'
이렇게 말하십시오.

자신의 장점을 완벽함에 두지 마세요.
늘 성장하려 하고 긍정적으로 보는 태도를
자신의 장점으로 삼으십시오.
그래야 자신을 오래 사랑할 수 있습니다.
그렇게 오래 사랑받아야 마땅한 존재가 바로 당신입니다. ✿

| 여든여덟 번째 만남

우유주사,
누구나 중독이 되는 걸까요?

속칭 우유주사라고 하는 프로포폴이 화제입니다.
연예인들이 많이 맞는다고도 하고, 강남, 성형외과, 유흥업 등
호기심을 자극하는 내용과 이어져 많은 기사가 보도되었습니다.
프로포폴은 원래 마취제인데, 중독성이 있고 오남용되어
마약류로 지정되었다고 합니다.

'마약' 하면 어떤 생각이 드십니까?
한번 하면 끊을 수 없는 것. 뭔가 강한 쾌감이 있지만
결국 빠져나올 수 없는 늪과 같은 것이란 생각이 들죠.
그런데 정말 그럴까요?

베트남 전쟁 중 마약에 중독된 미군 병사들이 많았습니다.

치열한 전장에서 싸우며 과도한 긴장에 시달리다보니,
잠도 못 자고 정신적으로 힘든 상황에서 마약에 쉽게 빠진 겁니다.
1971년 리 로빈스 박사가 조사한 바에 의하면,
898명의 참전용사 중 절반이 마약에 중독된 상태였습니다.
그런데 1년 뒤 소변검사로 마약중독을 확인해본 결과,
마약중독은 2퍼센트밖에 되지 않았습니다.
대부분 중독 상태에서 벗어난 거죠.
중독치료를 받지 않은 경우에도 마찬가지였습니다.
마약중독은 무섭다는데 어떻게 이런 일이 가능했을까요?

답을 말씀드리기 전에
브루스 알렉산더 교수가 연구한 실험을 먼저 보겠습니다.
알렉산더 교수는 쥐를 두 그룹으로 나누었습니다.
그는 보통의 우리보다 2백 배나 큰 쥐공원을 만들어
첫 번째 그룹의 쥐 스무 마리를 자유롭게 뛰어놀게 했습니다.
먹을 것과 놀 것도 다양하게 제공했죠.
그리고 두 번째 그룹 스무 마리는
그냥 한 마리씩 작은 철창에 가두고 키웠습니다.
두 그룹 모두에게 두 종류의 물이 제공되었는데,
하나는 순수한 물, 다른 하나는 마약인 모르핀이 섞인 물이었습니다.

결과가 어땠을까요?

두 그룹 모두 마약인 모르핀이 든 물을 주로 마셨을까요?
그렇지 않았습니다.
작은 철창의 쥐들은 모르핀 물을 많이 마셨지만
쥐공원의 쥐들은 모르핀이 섞인 물을 거의 마시지 않았습니다.
모르핀 물에 설탕을 타줘도 마찬가지였습니다.

더 놀라운 것은 다음 실험입니다.
알렉산더 교수는 철창에서 60일 가까이 모르핀 물을 마신 쥐를
쥐공원으로 옮겨왔습니다. 그런데 이 쥐들도 쥐공원에 오자
모르핀이 아닌 보통 물을 마시기 시작했습니다.

베트남 참전 군인이나 작은 철창에 갇힌 쥐 모두
높은 스트레스를 받는 상황일 겁니다.
이런 상황에서는 마약에 빠지기가 쉽습니다.
반면 보통의 조건 속에서 사는 사람들은
마약에 크게 쾌감을 느끼지도 않고, 끊기도 쉽습니다.
마약이란 현실에서 탈출하고 싶고,
위로받고 싶은 사람들이 빠지기 쉬운 늪과 같습니다.

지금 우리 사회는 위로와 탈출을 원하는 사람들이 무척 많습니다.
이런 상황은 마약이 퍼지기 쉬운 조건이라고 할 수 있죠.
마약은 개인에게 심각한 부작용,

심지어 죽음까지 가져올 수 있습니다.
따라서 단속이 꼭 필요합니다.
하지만 단속과 더불어
우리 사회가 마약이 필요한 사회가 아닌지도 함께 살펴봐야
실효성 있는 대책이 나올 수 있습니다. ❀

| 여든아홉 번째 만남

내 기분을 가라앉히는 주범은
외로움

요즘 이런 어려움을 토로하는 분들을 자주 만납니다.
"하루는 좋고 하루는 기분이 가라앉아요.
어떤 때는 며칠은 괜찮다가 또 며칠은 우울해지죠.
이런 것이 조울증인가요? 왜 그러는지 모르겠어요."

기분의 변동폭이 지나치게 커서 생활에 지장을 줄 정도라면
조울증일 가능성도 있습니다.
하지만 이런 호소를 하는 분들의 대부분은 조울증이 아닙니다.
자기 생활은 그럭저럭 해나가고 있지만
마음이 종종 가라앉고 기운이 빠지는 거죠.
이런 경우 원인은 외로움인 경우가 많습니다.

그도 그럴 것이 사랑에 빠져 있을 때는
이런 감정변화를 느끼지 못합니다.
꼭 이성에 대한 사랑이 아니더라도
일이나 취미에 푹 빠져 있을 때도 감정이 가라앉을 틈이 없죠.
오히려 잠깐 시간이 있다면 상대를 생각하고,
쉬는 시간에도 할 일이 머리에서 계속 맴돕니다.

사랑하는 사람까진 아니더라도
자주 만나고 힘이 되는 사람들이 주변에 있다면
기분이 잘 처지지 않습니다.
일 때문에 사람들과 만나긴 하지만 자신의 감정에만 몰입해 있거나
타인과의 정서적인 접촉이 부족할 때 우리는 외로움을 느끼고,
'내가 잘 하고 있는 건가?' 하는 실존적인 불안에 휩싸입니다.

편안히 사람을 만나고,
서로 흉허물도 가볍게 넘기는 관계를 맺기에
요즘 사회는 너무 여유가 없습니다.
게다가 우린 어린 시절부터 경쟁 속에서
각자 살아남아야 한다는 것을 배우며 자랐습니다.
그러다보니 약하면 무시받고, 무너질 수 있다 생각해
편하게 자신을 내보이지 못합니다.
다들 강해 보이지만 알고 보면 잔뜩 겁을 집어먹은 채

자기 성만 겨우 지켜내려 버티고 있습니다.
그러고는 성벽에 홀로 서서 외로움에 떨고 있는 게
우리의 모습입니다.

사람이란 관계 속에서 함께 뭉칠 때
비로소 단단해질 수 있습니다.
'함께'가 아닌 '각자' 단단해지는 것은 한계가 있습니다.
오히려 방어막만 두꺼워져 서로 간의 연결만 힘들어질 수 있죠.
인간에게 있어서 접촉이란 있어도 그만, 없어도 그만인 것이 아닙니다.
음식과 공기처럼 생존의 필수품 중 하나가
다른 사람과의 직접적인 접촉입니다.

다른 사람과 더 많이 만나야 합니다.
마음을 열고 관계를 맺고 공동체를 만들어야 합니다.
이렇게 시간을 두고 관계를 넓히고 그 관계를 탄탄히 다져갈 때
비로소 우리에게 마음의 안정이란 선물이 주어질 겁니다.

| 아흔 번째 만남

겨울의 불청객,
불면증을 이기는 법

겨울은 밤이 깁니다.
밤이 길고 이불 속이 포근한 만큼
1년 중 어느 때보다
잠자리에서 보내는 시간이 길어집니다.
그런데 그만큼 잠과 관련한 문제도
많이 생기는 계절이 바로 겨울입니다.

불면증은 원인이 있는 경우와
별다른 원인이 없는 경우가 있습니다.
원인이 있는 경우에는 원인이 되는 문제를 해결해야겠죠.

불면증의 가장 큰 원인 질환은 우울증입니다.

우울증에 걸리면 잠이 잘 오지 않고, 들어도 잘 깨고,
새벽에 한번 깨면 더 이상 잠이 오지 않습니다.
걱정이 많아져 우울해서 잠이 안 오는 것이 아닙니다.
오히려 잠이 안 오니 걱정이 늘어나고
그래서 더 우울해질 수도 있습니다.
우울증 자체가 뇌의 수면중추를 교란시켜
수면의 안정성을 깨뜨리기 때문에 불면의 원인이 됩니다.
우울증 외의 불면의 원인으론 불안이나 일시적인 적응장애,
스트레스, 갑상선이나 췌장의 질환 등이 있습니다.

그런데 원인이 없는 불면증도 있습니다.
이 경우 가장 흔한 원인은 수면의 리듬이 깨진 데 있습니다.
워낙 체질적으로 잠을 잘 못 자는 사람,
깊게 잠들지 못하는 사람이 한번 리듬이 깨질 경우
불면이 지속될 수 있습니다.

잠에 어려움을 겪는 분들일수록 잠에 더 집착하게 됩니다.
그래서 하루 잠을 제대로 못 이루면 더 불안하고
오늘은 잘 잘 수 있을지 걱정을 하게 되죠.
그런데 이런 걱정이 잠자리에 누웠을 때
오히려 긴장 상태를 만들어서 잠을 쫓아버리고,
그렇게 악순환이 시작됩니다.

그래서 불면증을 앓는 사람에게는
역설적으로 잠을 포기하라고 요구합니다.
자야 한다는 강박관념이 불안을 유발하고,
불안이 잠을 쫓아버릴 수 있으니까요.
잠이 안 오면 일어나서 조용히 책도 보고,
그러다 잠이 올 듯싶으면 그때 가서 자라고 합니다.
잠이 올 것만 같아 누웠더니
다시 잠이 오지 않을 수도 있습니다.
그때는 다시 침대에서 나와야 합니다.
다른 일을 하다가 잠이 오면 그때 침대로 가야 합니다.

다만 낮에는 정상적인 생활을 유지하도록 하십시오.
새벽에 잠이 들었더라도
일정한 시간에 반드시 일어나 활동하고,
낮잠은 자지 말아야 합니다.
이런 것을 올바른 수면습관이라고 합니다.
자고 일어나는 시간을 가급적 지키십시오.
특히 자는 시간은 몰라도
일어나는 시간만큼은 반드시 지키십시오.
그래야 우리 생체시계가 안정되고,
일찍 일어나서 좀 피곤해야
그날 밤 잠도 쉽게 들 수 있습니다.

불면증은 알고 보면 불면에 대한 불안증입니다.
딱 까놓고 얘기해서 잠 못 자서 죽은 귀신은 없습니다.
결국 잠이 올 것이란 믿음으로
안정적인 생활을 지켜갈 때
잠은 나도 모르게 찾아올 것입니다.

| 아흔한 번째 만남

가을에 우울한 당신,
그 이유는 무엇일까요?

늦가을, 낙엽이 바람에 날리는 모습을 보면
왠지 기분이 울적해집니다.
가을 노래들은 차분하다 못해 우울한 곡조가 많죠.
흔히들 가을 탄다는 말도 많이 씁니다.
왜 가을에는 우울하다고 느끼는 걸까요?

원인은 햇빛에 있습니다.
광합성을 하는 식물은 아니지만
사람도 햇빛의 영향을 제법 받고 살아갑니다.
여름이 지나면 해가 떠 있는 시간도, 빛의 강도도 모두 줄어듭니다.
우리 눈으로 들어오는 빛이 줄어들면
머릿속 송과체라는 부위에서 호르몬이 나오는데 이게 멜라토닌입니다.

밤을 지배하는 호르몬이죠.
멜라토닌은 우리 몸의 체온을 떨어뜨리고
에너지 수준을 낮추고 활동량도 줄입니다.
그러다보니 졸음이 오고 잠에 빠져들게 되죠.

멜라토닌은 우리 몸에 있는 천연 수면제입니다.
일조량이 줄어드는 가을이 오면
멜라토닌이 혈중에 돌아다니는 시간이 늘어납니다.
자연히 에너지가 떨어지고 몸을 움직이기도 귀찮아집니다.
체온도 낮아지고 졸음도 많이 옵니다.
그래서 우리 몸은 낮아진 체온을 높이려고
식욕을 높여 탄수화물 섭취를 늘립니다.
음식이 들어가면 대사되는 과정에서 열이 발생하니까요.
결국 가을엔 하늘이 높아져서 살이 찌는 것이 아니라
햇빛이 줄어들어 살이 찌게 됩니다.

이처럼 해가 짧아지면 멜라토닌의 영향으로
우리 몸의 에너지는 떨어지고 기분도 가라앉습니다.
대부분 약간 우울한 정도에 머물지만
인구의 5퍼센트 정도는 심각한 의욕 저하를 보입니다.
이를 가리켜 '계절성 우울증'이라고 부르죠.
만일 2주 이상 우울감이 지속되어 일상생활에 방해를 받을 때는 전문가와 상의하는 것이 필요합니다.

그렇다면 약간의 우울에는 어떻게 대비해야 할까요?
우선 이런 기분이 일시적임을 아는 것이 중요합니다.
우울할 땐 꼭 그 기분이 영원히 갈 것만 같습니다.
하지만 햇빛의 영향으로 일시적으로 생긴 기분임을 알면
좀 더 쉽게 넘길 수 있습니다.

다음으로 햇빛을 많이 받으려 노력해야 합니다.
해가 뜨면 밖에 많이 나가고,
아침에 일어나면 밝은 곳을 일부러 쳐다봐야 합니다.
다음으로 우울감을 잊을 수 있는 활동을 권합니다.
지난 한 해 동안 찍었던 사진을 정리해보는 것도 좋습니다.
밝은 봄날 가까운 사람과 찍었던 사진들을 정리하면서
우리는 잠시 웃을 수 있는 기회를 가질 수 있죠.
식물을 키워보는 것도 좋습니다.
함께 겨울을 날 수 있는 초록색 식물을 키우며
위안을 얻는 분을 많이 보았습니다.
이벤트도 중요합니다.
지루한 겨울, 가끔씩 파티와 이벤트로
소중한 사람들과의 만남을 가져보세요.
겨울도, 우울도 좀 더 가볍게 넘길 수 있을 겁니다. ✽

| 아흔두 번째 만남

우울하면 쇼핑하는 분들,
어떻게 고칠까요?

우울할 때는 아무것도 하기 싫을 것 같지만
우울할 때 더 많이 하는 일도 있습니다.
배가 부른데도 더 많은 음식을 찾고,
꼭 필요하지 않은 물건을 사는 데 많은 돈을 씁니다.
얼마 지나지 않아 후회할 것이 뻔한 데도
내 손은 어느새 과자봉지를 뜯고, 인터넷 쇼핑몰을 클릭합니다.

우울한 감정의 밑바닥에는 상실감과 무력감이 자리 잡고 있습니다.
소중한 것을 잃었다는 상실감,
그럼에도 자신의 힘으론 아무것도 할 수 없다는 무력감이
우리를 우울한 감정으로 이끕니다.
하버드 대학교의 제니퍼 러너 교수의 연구에 따르면

우울감의 두 요소인 상실감과 무력감 중에 소비행위를 늘리는 데
중요한 역할을 하는 쪽은 무력감입니다.
즉, 정 줄 곳이 사라져서 새로운 물건을 산다기보다는
내 힘으로는 아무것도 할 수 없다는 좌절감을 이겨내기 위해
물건을 산다는 것이죠.

그렇다면 우울감을 이기려고 쇼핑에 빠진 사람을
도와주는 방법도 같은 맥락에서 찾을 수 있습니다.
러너 교수는 무력감을 극복하는 방법으로
선택의 중요성을 제시하였습니다.
그는 사람들을 두 집단으로 나누어
한 집단에는 어떤 상황에 대한 대응을 선택할 수 있는 경험을 제공하고
다른 집단에는 그런 기회를 주지 않았습니다.
그러고는 두 집단 모두에게 무력감을 느끼는 상황에 직면하게 했죠.
그 결과 선택의 경험을 한 집단에선 소비가 늘어나지 않은 반면
선택 경험을 갖지 못한 집단에선 소비가 크게 늘어났습니다.

우울하더라도 평소에 자신이 선택할 수 있는 것이
많다고 느끼는 사람들은 소비에 매달리지 않습니다.
당장의 우울함에 대한 대안은 없더라도
자신의 인생이 꽉 막혀 있지 않다고 생각하는 사람들은
무력감을 극복하고 스스로에 대한 통제능력을 유지할 수 있습니다.

우리 주변을 둘러봐도
과도하게 쇼핑에 매달리는 분들 중
오히려 경제적인 상황이 열악한 분들이 많이 있습니다.
또는 남이 보기에는 경제적으로 윤택하지만
주변의 시선이나, 집안의 분위기 때문에
틀에 박힌 삶을 벗어나지 못하는 분들이 쇼핑에 많이 매달립니다.
또 회사 일에, 집안일, 그리고 육아까지 하루가 빠듯하고
자기를 위해 뭔가 선택할 수 있는 여지가 없다고 느낄 때
우리 역시 홈쇼핑 채널 앞에 멍하니 앉아 있게 됩니다.

주변에 쇼핑 중독이라고 느껴지는 분이 있는지요?
그분에게 우리는 종종
'그러면 파산한다, 어쩌려고 그러느냐'며 걱정을 합니다.
하지만 그런 걱정들은 그분의 무력감만 더 자극해서
부정적인 결과를 가져올 뿐입니다.
차라리 그런 말보다는 쇼핑 대신 선택할 수 있는
여러 가지 대안을 제공해주거나
평소에 좀 더 다양한 활동을 선택할 수 있는 환경을 만들도록
격려하는 편이 낫습니다.

인간이란 자기가 무언가를 조절할 수 있다는 느낌을
갖고 싶어 합니다.

그래야 자기를 지켜갈 수 있다고 생각하죠.
그런 절실한 욕구를 배려하는 것이
사람들이 자포자기에 빠져
비합리적인 선택을 하지 않도록 돕는 현실적인 방법입니다.

| 아흔세 번째 만남

자살을 말하는 친구를
어떻게 대해야 할까요?

아시다시피 우리나라의 자살률은 세계 최고 수준입니다.
더욱 마음 아픈 건 증가속도인데
2001년 10만 명당 14.4명이던 것이
2011년엔 31.8명으로 10년 만에 두 배 이상 증가했습니다.
OECD 평균인 11.2명에 비하면 거의 세 배에 가까운 수치입니다.

자살이 늘어나는 원인이나 그 대책에 대해서도
많은 논의가 필요합니다.
하지만 이 자리에선
자살에 대한 생각을 가진 사람을 만났을 때
우리가 어떻게 대응하는 것이 좋을지에 대해
우선 이야기해보도록 하겠습니다.

갑자기 숨을 멈춘 사람을 발견했을 때
올바른 응급조치법을 안다면 소중한 생명을 구할 수 있듯
자살에 대응하는 올바른 방법을 알고 있다면
소중한 삶을 구할 수 있으니까요.

누군가 당신에게 자살에 대해 이야기한다면
그 사람은 당신을 믿고 있는 것입니다.
그럴 때는 진심을 다해 그의 말을 들어야 합니다.
그런데 정성을 들여 듣는다는 것은 쉽지 않습니다.
그러니 상대가 말할 때 스스로에게 계속 이야기하세요.

'듣자, 또 듣자.'

급한 마음에 그의 말에 끼어들어서,
죽는 걸로 해결되는 일은 없다거나,
죽을 용기가 있으면 그 힘으로 살아보라고 하진 마십시오.
그런 생각은 분명 상대도 한번쯤 해보았을 것입니다.
그렇게 생각해도 해결되지 않으니
지금 당신 앞에서 자살을 이야기하는 것입니다.

다만 상대가 지나치게 격앙되어 있다면
그 감정은 가라앉히자고 이야기하는 것이 좋습니다.

당신 곁에 오래 머물며 이야기를 들을 테니
마음 가라앉히고 함께 고민해보자고 이야기하십시오.
지나친 감정은 이성적인 사고를 가로막아
상황을 더 엉망으로 만드니까요.

**자살에 대해 말할 땐 그냥 일상적인 대화처럼 담담하게,
아무렇지도 않은 듯 말하세요.
당신이 놀라거나, 자살이란 말을 입에 담기 어려워하면
상대는 당신을 믿지 못하게 됩니다.**
오히려 가볍게 말하는 사람에게 더 많은 이야기를 합니다.

자살을 좋게 말할 수는 없지만 비난하지도 마십시오.
그것은 대안이 아니라고 싸울 필요는 없습니다.
자살이 하나의 대안이라는 것은 인정해주되
다른 대안도 많이 있다고 말해야 합니다.
그리고 그 과정을 나와 함께 고민해보자고 설득해보세요.
깊이 있는 관계 하나가 삶과 죽음의 경계에 놓인 사람에겐
더없이 소중한 동아줄입니다.

마지막으로 자살계획이 구체적일 때
반드시 전문가를 만나게 해야 합니다.
가급적이면 함께 있을 때 전문가와 만날 약속을 정하세요.

그리고 전문가에게 가는 길에 함께 동행하면 좋습니다.
그 순간 당신은 하나의 소중한 생명을
삶의 궤도에 다시 올려놓고 있는 것입니다. ❋

| 아흔네 번째 만남

시험 불안,
어떻게 대처할까요?

시험 불안을 막기 위해서는
충분히 시험을 대비하는 것이 가장 중요하지만
준비한다고 불안이 다 사라지는 건 아닙니다.
막상 시험 당일이 되면 늘 그렇듯 불안이 몰려오죠.
어느 정도의 불안이야 긴장도를 높여주어 시험에 도움이 되지만
지나치게 불안하면 시험을 망칠 수 있습니다.
그렇다면 이럴 때 어떻게 하는 것이 좋을까요?

우선 마음가짐부터 이야기하겠습니다.
시험이 인생을 좌우한다는 생각을 버려야 합니다.
이건 정말 사실입니다.
시험을 볼 때면 시험 하나에 인생의 방향이 다 바뀔 것 같지만

살다보면 항상 역전, 재역전의 기회와 위기가 옵니다.

정원을 꾸민다고 생각해봅시다.
큰 시험을 잘 보면 멋드러진 나무 하나를 정원에 심은 것과 같습니다.
하지만 큰 나무를 심었어도 잘 가꾸지 못하면 소용이 없고,
큰 나무 하나로 완성되는 정원이란 없습니다.
오히려 처음에는 작은 나무를 심었지만
그다음에 어떻게 다른 나무를 심어가느냐에 따라
더 멋진 정원을 꾸밀 수도 있습니다.

시험장으로 향하고 시험지를 받고……
생각만 해도 불안이 밀려오죠.
하지만 불안은 나만 느끼는 것이 아닙니다. 모두가 느낍니다.
나만 불안하다고 느낄 때 불안은 더 심하게 옵니다.
'다들 마찬가지야. 그나마 난 불안을 이기는 법을 조금 알고 있잖아.
딴사람들은 더 힘들겠지. 난 할 수 있어.' 하며
자기를 격려하고 긍정적으로 말해주세요.

시험 당일에는 새로운 문제를 풀지 말고
자기가 미리 정리해둔 내용만 다시 훑어보세요.
새로운 것을 보다가 모르는 내용이 나오면
급격히 긴장이 올라갑니다.

시험장에 앉으면 복식호흡을 하면서 자기암시를 합니다.
'준비한 만큼은 잘할 수 있어.'
그럭저럭 시험을 봐온 사람이라면
'전에도 준비한 것만큼은 해냈잖아.'
또 시험 불안 때문에 결과가 안 좋았던 분은
'오늘부터 난 달라질 거야. 이렇게 불안을 줄이는 방법을
처음 배웠으니까. 기분이 나아지는 거 같아.'
이렇게 자기암시를 합니다.

감독관이 들어오고 시험지를 받기 전이 가장 불안합니다.
이때 불안이 파고들지 않게 미리 자기만의 습관을 만들어두세요.
종교가 있는 분은 기도를 해도 좋고,
자기에게 기분 좋았던 경험들을
어린 시절부터 떠올려보는 것도 좋습니다.
그냥 양 한 마리, 양 두 마리 이렇게 세는 것도 좋습니다.
중요한 것은 시험 전에 미리 이때 할 일을 몇 번 연습해서
그대로 하는 것입니다.
딴생각을 해서 불안이 파고드는 것을 막는 것이 목표입니다.

마지막으로, 시험지를 받았다. 그러면
시험지 위에 크게 자기가 쓰고 싶은 말을 써보세요.
'파이팅'도 좋고, '다 기억날 거다' '한 번 더 검토' 등 무엇이든

좋습니다.
이렇게 하면 기운을 불어넣는 기합과 같은 효과가 있습니다.

그리고 쉬운 문제부터 풀어갑니다.
서서히 두뇌를 워밍업시키는 것이죠.
시계를 자주 보지 마시고,
시험 중에 불안하다면 불안해하며 계속 문제를 풀기보다는
잠깐 멈추고 복식호흡으로 마음을 가라앉힌 다음 다시 시작하세요.
불안해하며 계속 푸는 것보다 멈춰서 불안을 낮추고 다시 풀 때
시간도 더 절약됩니다.

| 아흔다섯 번째 만남

면접장에 가면
떨려서 말이 안 나와요

"저는 수험생입니다. 제가 보는 시험은 면접이 중요한데
면접점수가 좋지 않아 벌써 두 번이나 떨어졌습니다.
그러다보니 또 떨어질까 불안하고 그게 다 표시가 나서 걱정이에요.
같이 시험 본 친구들은 다 붙어서인지 자신감도 바닥입니다."

처음에는 대담하게 도전하던 일도
한 번, 두 번 실패하고 나면 겁이 나는 것이 인지상정이죠.
그렇게 겁이 나면 위축되어서
평소의 기량을 발휘하기 어렵습니다.
그러다보니 또 실패할 확률이 높아지죠.

이 지점에서 냉정하게 생각해볼 일이 있습니다.

우선 내가 몇 번이나 도전을 할 것인지,
또 내가 정한 횟수만큼 도전해도 성공하지 못했을 때는
어떻게 할 것인지 답을 갖고 있는지요?
많은 분들은 그런 생각을 하면 우울해진다며 피하곤 합니다.
하지만 불확실한 미래야말로 우리를 더 불안하게 하고,
불안은 실패의 확률을 높일 뿐입니다.

인생에서 실패란 뼈아픈 일이지만,
한 가지 일에 실패하고
다른 일에서 성공하는 경우도 적지 않습니다.
월트 디즈니는 처음에 들어간 신문사에서
창의성이 부족하다는 이유로 해고된 적이 있고
조선시대에 영의정만 세 번 지낸 한명회는
과거시험에 번번이 낙방한 후 다른 길로 벼슬에 올랐습니다.

두려움은 두려움을 정면으로 바라볼 때 약해집니다.
일본의 사무라이들은 아침 명상에서
자신이 여러 가지 방법으로 죽는 모습을 떠올리며
하루를 시작했다고 합니다.
그렇게 죽음의 두려움을 극복한 것이죠.
일단 내가 이 시험에 몇 번이나 더 도전할 것인지 결정하십시오.
그리고 만약 실패할 경우 어떤 길로 갈지 정하고

담담하게 그 미래를 받아들이십시오.
최선을 다했지만 결과가 좋지 않다면
다른 곳에서 다시 도전하면 됩니다.

이렇게 두려움을 정면으로 바라볼 수 있게 되었다면,
다음으론 두려움을 조절하는 방법을 익혀야 합니다.
복식호흡도 좋고, 근육을 긴장시켰다가 풀어내는
점진적 근육이완법도 좋습니다.
이러한 방법은 인터넷을 검색하면 쉽게 찾을 수 있습니다.
시험장에 섰을 때 올라오는 두려움을 진정시킬 수 있으려면
평소에 충분한 연습을 하는 것이 필요합니다.
머릿속에서 두려운 느낌을 떠올린 후
호흡법이나 이완훈련으로 긴장을 가라앉히는 연습을
꾸준히 해보십시오.
그리고 이 방법을 면접시험 대기실에서 사용하는 겁니다.

그렇게 충분히 준비를 했더라도 면접관 앞에 서면 떨릴 수 있습니다.
불안감에 머릿속이 하얘질 수도 있죠.
그럴 때는 면접관을 보며 겸손한 태도로 이야기하십시오.

"떨어서 죄송합니다. 제가 시험 불안이 있어 이런 면접에 약합니다.
특히 초반엔 더욱 그렇습니다. 하지만 이번에는 잘하고 싶습니다.

저는 꼭 이 일을 하고 싶거든요."

그리고 심호흡을 한번 하고 면접관의 눈을 다시 바라보십시오.
조금은 긴장이 풀렸을 겁니다.
긴장을 푸는 특효약은 준비한 말을 직접 하는 것이니까요.
자, 이제 행운을 빌겠습니다.

| 아흔여섯 번째 만남

사이비 종교에 빠져드는
인간의 심리

"친한 친구의 아내가 사이비 종교에 빠져
친구가 무척 괴로워하고 있습니다.
친구의 아내는 가족의 일보다 종교행사가 우선입니다.
그러니 집안 꼴이 말이 아니지요.
원래는 다정하고 화목한 부부였는데
왜 이렇게 되었는지 모르겠습니다.
사이비 종교에 집착하는 심리를 알고 싶습니다."

과거에 인간은 많은 미신과 비합리적인 믿음 속에서 살아왔습니다.
현대로 넘어오면서 이성적 사고와 과학이 발달하고
옳고 그른 것에 대해 좀 더 많이 알게 되었습니다.
하지만 인간은 이성만을 가지고 살 수 없습니다.

기본적인 욕구가 충족되고 마음이 안정되어야
이성적인 사고를 해낼 수 있습니다.
마음의 안정은 이성이 제대로 작동할 수 있는
기본적인 토대가 되는 거죠.

현대사회는 우리가 믿고 기댈 공동체가 많이 사라졌습니다.
소속감을 느끼고, 내가 소중하게 여기는 가치를
인정받을 곳이 없어서 우리는 흔들립니다.
사회학자들의 연구에 의하면, 사이비 종교에 깊게 빠지는 사람들은
안전에 대한 욕구나 예측할 수 있는 환경에 대한 욕구가
보다 높은 분들이라고 합니다.
그런 욕구를 해소하려면 친밀하고
서로 깊게 받아들여주는 관계가 필요한데,
많은 사이비 종교 집단은 그런 욕구를 잘 채워주는 특징이 있습니다.

장로회신학대학교의 오성춘 교수에 의하면
사이비 종교 집단은 신도들 개개인을 있는 그대로 받아주며,
각자에게 합당한 가치를 정해주고,
현실적 고통이 있는 사람들을 지탱해주고
적극적으로 돌봐주는 특성을 갖고 있다고 합니다.
그러다보니 기존의 종교에서는 얻을 수 없는
강한 소속감을 그 안에서 충족할 수 있는 거죠.

물론 소속감을 채운 뒤에는 사이비 종교 특유의
비이성적 사고의 악영향을 받게 됩니다.

하지만 인간은 옳고 그른 것을 구별하기보다는
자신에게 유리한 쪽을 택하기 위해 이성을 사용합니다.
만약 어떤 증거가 자신이 믿고 있는 바에 어긋날 때
자신의 생각을 바꾸기보다는 그 증거의 진실을 부정하고 싶어 하죠.
사이비 종교들은 그럴듯한 논리와 반대 증거로 포장해서
사람들이 자기의 믿음을 합리화할 수 있도록 도와줍니다.
결국 거짓 논리로 무장해서 사람들과 맞서게 되고
마침내 어떤 이야기도 통하지 않는 상태로 들어가게 되죠.
시작은 채워지지 못한 소속감에 대한 절박한 욕구였지만
마지막은 비합리적인 고집불통의 신앙이 남게 됩니다.

인간의 한계로 인해 사이비 종교는 언제든 존재할 수 있습니다.
하지만 사람들이 사이비 종교에 빠지는 더 근본적인 이유는
지나치게 개인화된 현대사회에서
실제적인 문제로 고통을 받는 사람들에게
손을 내밀어 도와줄 따뜻한 종교인과 이성적인 지도자가
부족하기 때문일지도 모릅니다.
또 그들의 옆에 있는 우리 모두가 마음의 문을 닫고
서로를 충분히 받아주지 못해서일지 모르겠습니다.

| 아흔일곱 번째 만남

완벽주의와
최선을 다하는 것의 차이

많은 사람들이 완벽주의와 최선을 다하는 것이 같다고 착각합니다.
물론 완벽한 모습을 유지하려면 최선을 다하지 않을 수 없고
많은 노력과 시간이 필요합니다.
그러나 최선을 다하는 사람이 모두 완벽주의자는 아닙니다.
오히려 최선을 다해 자신의 인생을 살려면
완벽주의와는 거리를 두어야 합니다.

완벽주의에는 내가 완벽하게 해내지 않으면
인정받지 못할 것이라는 두려움이 바탕에 깔려 있습니다.
이때 나를 움직이는 원동력은 다른 사람의 시선입니다.
다른 사람에게 나쁘게 보이지 않고, 다른 사람에게 인정받기 위해
나를 희생하는 것이 완벽주의입니다.

반면 최선을 다하는 삶은
자신에 대한 사랑이 원동력입니다.
자기의 삶을 사랑하기에 남이 보든 보지 않든, 인정하든 그렇지 않든
더 괜찮게 이끌어가려고 매순간 노력을 하는 것이죠.

물론 한 사람의 노력을 둘 중 한 가지로
무 자르듯 가를 수는 없습니다.
누구나 어느 정도는 부분적으로 두 가지 모습을 가지고 있죠.
하지만 어느 쪽이 지배적이냐에 따라
행동과 태도는 크게 차이가 납니다.

완벽주의가 지배할수록
사람들은 긴장하고 지치기 쉽습니다.
희망과 의욕은 찾아보기 어렵습니다.
특히 상황이 어려워질 때
완벽주의자들은 초조해하며 자기를 괴롭힙니다.
그에 비해 자기를 위해 최선을 다하는 사람들은
한발 뒤로 물러나는 것을 어려워하지 않습니다.
노력해도 일이 풀리지 않는 상황에선
마음을 비우고 상황을 관조합니다.

완벽주의는 일종의 성과 같습니다.

더 튼튼한 성을 쌓으면 어떤 공격도 막아낼 수 있다고 생각해서
두텁게 돌을 쌓고, 잠시도 쉬지 않고 틈을 메웁니다.
그러나 그렇게 해서 지키는 것은
고작해야 자기가 머무르는 성일 뿐입니다.
다른 곳으로 움직이면 그만인데
굳이 지킬 필요도 없는 그 성을 지키려고
스스로를 노예로 만든 것입니다.
그래서 새로운 곳도 가지 못하고,
새로운 사람도 만나지 못합니다.

캐나다의 음유시인인 레너드 코헨의 노래 〈찬가Anthem〉에는
다음과 같은 구절이 있습니다.
'모든 것에는 틈이 있다네. 그 틈이 있어 빛이 들어오지.'

완벽하게 틀어막은 곳엔 어떠한 빛도 들어올 수 없습니다.
너무 맑은 물엔 고기가 모이지 않듯
사람도 틈이 있어야 정을 붙일 수 있습니다.
내 부족한 부분이 곧 내 결함은 아닙니다.
오히려 내 삶의 원동력일 수 있습니다.
부족함이 없어야 완벽한 것도 아닙니다.
부족함이 있기에 우린 비로소 인간입니다.
내게 있는 틈, 그것이 나를 나답게 만듭니다. ✽

| 아흔여덟 번째 만남

진통제의 효과가
성격에 따라 다르다고요?

플라시보 효과, 또는 위약 효과라는 말이 있습니다.
효과가 없는 가짜 약을 복용해도
진짜 약을 먹은 것처럼 효과를 보는 것을 말하죠.
아이가 머리가 아플 때 마땅한 약이 없어서
소화제를 두통약이라며 줬는데, 두통이 싹 사라지는 겁니다.
이런 경우 위약 효과라고 할 수 있습니다.
부모가 준 약을 먹었으니 나아질 거란
아이의 심리적 기대가 실제 효과로 나타난 거죠.

물론 위약 효과는 그리 크진 않습니다.
암이나 심근경색 같은 심각한 질병에선 거의 효과가 없습니다.
심리적인 면이 영향을 미칠 때만 효과가 있죠.

가령 통증이나 우울증, 위염, 천식 등이
효과를 기대할 수 있는 증상이나 질병입니다.
다만 이 경우에도 10~30퍼센트 정도에서만 효과를 볼 수 있습니다.

그렇다면 왜 위약 효과는 모든 사람에게 나타나지 않고,
일부 사람에게만 나타날까요?
혹시 특별히 플라시보 효과가 잘 나타나는 사람이 있는 걸까요?

미시간 대학교의 페시냐 교수와 연구진은
사람들의 성격 특성을 조사한 뒤
이들에게 위약 효과를 실험해봤습니다.
정맥을 통해 통증을 유발하는 약물을 주사한 뒤에
진통제라며 아무 효과가 없는 생리식염수를 주사했습니다.
그리고 통증이 얼마나 줄어들었는지를
설문조사와 뇌영상촬영을 통해서 확인해보았습니다.

그 결과 성격검사에서 자아탄력성과 사교성이 좋은 사람,
분노와 짜증이 적은 사람이 위약 효과가 더 많이 나타났습니다.
여기서 자아탄력성이란 자기를 융통성 있게
조절할 수 있는 능력을 말하는데,
참아야 할 땐 충동을 잘 억제하고,
그렇지 않을 때는 자기를 적극적으로 표현하는 능력입니다.

사교성 역시 다른 사람의 입장을 고려해서
자기의 태도를 적절히 조절할 수 있을 때 높아집니다.
두 가지 성격의 특성은 모두
자기조절능력과 깊은 관련이 있습니다.
반면 분노와 짜증은 자기조절의 실패를 의미합니다.

결국 평소에 자기 마음을 잘 다스리는 사람이
통증을 완화하고 조절하는 것도 잘 해낸다는 겁니다.
부정적인 생각을 툭툭 잘 털어내고,
사람들과도 잘 맞춰주며 어울릴 수 있는 사람이
통증도 잘 털어내고, 아픈 상황에도 잘 적응하는 거죠.
반면 짜증과 화가 많은 사람들은 통증마저 더 많이 느끼고
진통을 위해서 더 많은 약을 먹어야 합니다.

이 연구의 특징은 뇌영상촬영을 통해
통증이 감소했는지를 확인한 데 있습니다.
단순히 설문조사로 했다면, 성격이 좋은 사람들은
긍정적으로 상황을 해석해서 답할 가능성이 높기에
실제 위약 효과로 통증이 억제되었는지
확인하기 어렵기 때문입니다.
그런데 이번 연구는 뇌영상촬영을 통해
자기조절을 잘하고 적응을 잘하는 성격의 사람들이

위약에도 통증이 잘 감소된다는 것을 확인한 것입니다.
결국 성격이 원만한 사람들은 통증을 느끼더라도
오래가지 않고 치료에 대한 반응도 좋습니다.

인생에서 누구나 아픈 순간은 옵니다.
그 순간을 잘 넘겨야 덜 고통스럽겠죠.
그 순간을 위해서라도 좀 더 원만한 성격을 만들어가는 것,
반드시 신경 써야 할 일입니다.

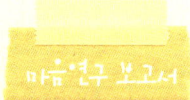

같은 콜라도 맛이 다르다고 느끼는 두뇌의 비밀

코카와 펩시,
두 가지 콜라 중 어느 것을 더 좋아하십니까?
각자 자신이 좋아하는 콜라가 있지만
막상 상표를 가린 채 맞춰보라고 하면
맞출 확률은 절반에 불과하다고 합니다.

베일러 의과대학의 리드 몬터규 교수와 연구진은
뇌영상촬영을 통해 사람의 두뇌는 콜라 맛의 차이를
어떻게 인식하는지 연구해보았습니다.
우선 연구진은 두 가지 콜라의 상표를 붙이지 않은 채
마시게 해보았습니다.
그러자 두 콜라 모두 뇌의 특정 영역에서
동일한 수준의 활동이 관찰되었습니다.
그 영역은 뇌의 앞쪽에 있는 곳인데
좋아하는 맛을 느낄 때 활성화가 이루어지는 부분입니다.

이번에는 한 잔에는 코카콜라라고 이름을 표시하고
다른 한 잔에는 같은 콜라에 이름은 표시하지 않은 채

따라준 뒤 마시도록 하였습니다.
결국 같은 콜라를 두 잔 마신 셈인데
많은 사람들은 두 잔 중 이름이 붙은 콜라가
더 맛있다고 선택했습니다.

재미난 점은 뇌영상촬영의 결과입니다.
같은 콜라를 마셨음에도 뇌영상촬영의 결과는 달랐습니다.
두 잔 모두 맛을 느끼는 부위의 활성화는 동일하게 일어났지만
콜라 이름을 표시한 경우에는 뇌의 다른 부분에서도
광범위한 활동이 관찰되었습니다.
특히 정서적인 정보를 처리하는 부분과
기억을 관장하는 부분의 활동이 두드러졌죠.

두 잔의 콜라는 같은 콜라지만
두뇌는 다르게 느끼는 것입니다.
유행한 광고 카피처럼 하나가 그냥 콜라라면,
다른 하나는 특별한 콜라인 겁니다.
나의 뇌는 누가 시키지 않았는데도
콜라의 브랜드와 관련된 느낌과 과거의 기억을 동원하여
콜라의 맛을 더해준 것입니다.

이런 현상은 비단 콜라에만 해당하는 것은 아닙니다.

우리가 어떤 물건을 사용한다고 했을 때
단순히 물건을 구성하는 물질을 사용하는 건 아닙니다.
그 물건에 얽힌 기억, 물건에 맺힌 내 감정을 함께 사용하는 것이죠.
그러니 '다 똑같은 물건이지.' 하는 말은 틀린 말입니다.
화학적, 물리적으론 같더라도 우리의 마음엔 다 다른 물건이고
우리의 뇌는 다 다르게 인식합니다.
그래서 아이들은 곰인형을 잃어버리고
더 좋은 새 곰인형을 사준다고 해도 달래지지 않고,
남에겐 보잘것없는 구리반지도
내게는 더 없이 소중한 보물이 될 수 있는 것이
우리 인간의 특성입니다.

다만 조심할 점은 수많은 광고회사들이
우리의 기억과 감정을 지배하려
이 시간에도 머리를 싸매고 있다는 것이죠.
그래서 자칫하면 내 감정과 기억이 아닌
광고회사가 만들어준 가짜 감정과 기억을 소비하며
살아갈 수도 있는 것이 우리 현대인의 삶입니다.

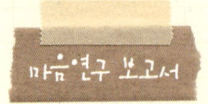

젊은이와 노인 중 누가 더 많이 후회할까?

멍하니 생각을 하고 있자면 우리 머릿속에
가장 많이 떠오르는 것 중 하나가 후회입니다.
후회할 일이 떠오르면 우리는 혼자 고개를 저으며
그 기억을 잊으려고도 하고,
몇몇 창피한 기억을 떠올릴 때면
쥐구멍에 숨고 싶은 심정이 되기도 합니다.

이렇듯 후회는 불쾌한 기분이 들게 하지만
그게 꼭 나쁜 것만은 아닙니다.
불쾌하기에 우리는 후회할 일을 피하려고 하고,
보다 나은 선택을 하려고 노력할 수 있으니까요.

미국의 전설적인 배우 존 베리모어는
'후회가 꿈의 자리를 차지할 때
비로소 우리는 노인이 된다'고 했습니다.
젊다면 후회해선 안 되고, 후회한다면 더 이상 젊지 않다는
그의 말에 우리는 용기를 얻습니다.

그런데 정말 노인들이 젊은이보다 후회를 더 많이 할까요?

함부르크 의과대학의 스테파니 브라센 교수는
나이에 따라 후회하는 것이 달라지는지를
뇌영상촬영을 통해 확인해보려고 했습니다.
건강한 이십대 청년, 건강한 육십대 노인,
그리고 우울증을 가진 육십대 노인을 각각 스무 명씩 모아서
게임을 하게 하고, 그 순간의 두뇌 활동을 촬영하였습니다.

게임은 상자를 열었을 때 금괴 그림이 나오면 돈을 벌고,
악마 그림이 나오면 그간 모은 돈을 다 잃는 단순한 게임인데,
금괴 그림이 든 상자를 열 경우에는,
다음 상자를 계속 열 수도 있고
거기서 게임을 그만둘 수도 있습니다.
악마 그림이 든 상자를 연다면 당연히 게임이 끝나게 되죠.
참가자는 매번 상자를 열기 전에 현재 남아 있는
금괴 그림 상자와 악마 그림 상자의 개수를 알 수 있어서
남아 있는 가능성과 위험의 정도를 예측할 수 있습니다.

모든 참가자는 이 게임을 80번 하도록 했는데,
젊은 사람들은 초기에 돈을 모을 기회를 자주 잃을 경우
뒤로 갈수록 높은 위험을 감수하고

무리한 도전을 하는 모습을 보였습니다.
반면 건강한 노인들은 경기 내내 비슷한 태도를 보이며
비록 잃더라도 무리하는 모습을 보이지 않았습니다.

뇌영상촬영 결과에서도 비슷한 소견이 나왔습니다.
후회할 때 활성화가 나타나는 뇌 부위인 배측 선조체는
젊은 사람들에게서 더 강하게 활성이 나타났고,
감정 조절에 사용하는 뇌 부위인 앞쪽 띠 이랑은
건강한 노인들에게 강하게 활성이 일어났습니다.
이것을 보면 전반적으로 노인들이 후회를 덜 하고,
실패에도 불구하고 감정 조절을 잘 해낸다는 것을 의미합니다.

재미난 점은 우울증을 가진 노인들이었는데
이들은 건강한 젊은이들과 마찬가지로
실패할 때 후회를 많이 하고 감정 조절에 약했습니다.
우울증을 앓고 있으면 나이를 먹었음에도 불구하고
자기 마음을 다스리는 힘이 약해지는 것이죠.

브라센 교수의 실험은 젊은 사람일수록
후회를 많이 하는 경향이 있음을 보여줍니다.
젊은 시절 후회를 하는 것은 나쁜 일은 아닙니다.
후회를 하기에 우리는 더 발전할 수 있으니까요.

하지만 후회가 지나쳐서 감정 조절에 실패하고

한 발 더 나아가 무리한 도전에 나선다면

그때는 후회를 넘어서 정말 우울해질지도 모를 일입니다.

젊음은 후회가 많은 시기입니다.

그렇지만 후회는 밑바탕에 희망을 든든히 깔고 있어야 합니다.

그래야 자신의 감정을 잘 조절할 수 있고

감정을 잘 조절해야 결과도 더 낫고

무엇보다 자신에게 만족하며 인생을 살아갈 수 있습니다.

| 찾아보기 |

Big5 검사 82

ㄱ

가면 212, 213
가족 35, 41, 57, 58, 91-92, 104, 105, 115, 118, 201-202, 215, 227, 235, 237, 278, 296, 319, 413
감정변화 368, 388
강박 121, 123
강박관념 392
개리슨 케일러 78
거울세포 310-312
거절 48, 91, 214-216, 283
거짓말 157, 191, 210-211, 320, 352-354, 356, 357, 358
게리 클라인 74
결벽증 330
결혼 108, 197-199, 206, 217, 218, 342
겸손 128-130, 174, 303, 309, 351, 411
계절성 우울증 395
고소공포증 374
고정관념 83-85, 211, 237, 238
공감능력 312
공격적 236, 238, 302, 346, 347, 348, 358
공포증 374, 376
기디언 캐런 307

기상예보 307, 308
기억력 188, 335, 337
기형도 253
김연아 53

ㄴ

나쁜 습관 164, 165, 332, 334
낙관주의 125, 126, 127
남편 205, 206, 208, 209
내쉬 균형 102
노출요법 230
뇌영상촬영 176, 311, 338, 420, 421, 423-424, 427, 428
뇌파 136, 138

ㄷ

달라이 라마 111
대니얼 카너먼 364
대커 켈트너 86
대화법 219
데보라 프렌티스 236
덴 웨그너 239
도파민 87
두뇌 기능 335, 337
두뇌 훈련 337
두려움 24, 44, 177, 231, 245, 252, 285-286, 295, 330, 376, 410-411, 416
뒷담화 128
따돌림 225

ㄹ

라벤나 헬슨 86
러브 버그 바이러스 294
레너드 코헨 418
레노어 제이콥슨 339
로렌 프랭크 136
로버트 로젠탈 339
로버트 커즈번 102
류보머스키 111-113
리 로빈스 384
리드 몬터규 423
리엔 하커 86
리처드 와이즈먼 31
리촐라티 교수 310

ㅁ

마르쿠스 문트 260
마시멜로 연구 370
마약 383-386
마약중독 384
마크 베르만 135
매슬로우 98
멜라토닌 394-395
며느리 207
모르핀 384-385
모욕감 126
무관심 256
민망함 268, 271
밀스 추적 연구 86

ㅂ

바버라 프레드릭슨 87
바이러스 294
배신 5, 38, 100, 252
배신감 201, 203
배측 선조체 428
버락 오바마 294-295
범인 100, 101
베트남 전쟁 383, 385
복권 198
복식호흡 230, 407, 408, 411
부부관계 177, 218
부부싸움 205, 342
분노 61, 64, 67, 106, 255-256, 281-282, 295, 301-303, 306
분노지수 302
분석심리학 326
불면증 390-393
불안 4, 6, 26, 30, 56, 109, 155, 212, 213, 226, 244, 252, 285, 388, 391-393, 405-408, 409-411
불이익 238, 320
브루스 알렉산더 384
비난 39, 59, 72, 91-92, 179-181, 195, 208, 218-219, 229, 230, 280, 282, 285-287, 326-327, 330, 343-344, 351, 403
비타민 159
비타민C 157-158
비판 18, 19, 151, 160-162, 179-181, 186-188, 190, 280

ㅅ

사랑 5, 23, 51, 57, 59, 60, 66, 90, 91, 92, 96, 114, 152, 173, 189, 198-200, 201, 210-213, 217-218, 220, 222-224, 233, 248, 252-254, 256, 294, 295, 376, 377, 378, 380-382, 388, 417

사망률 108

사이비 종교 413-415

사회관계망지수 108

산타클로스 189-192

상처 7, 38, 61-65, 91, 92, 133, 186, 201-204, 208, 209, 214, 216, 222, 224, 255, 257, 277, 278, 284-285, 288, 303, 306

생리현상 269

생물학적 본성 238

생체시계 382

서은국 82

선물 59, 134, 152-156, 167, 189, 191, 208, 224, 228, 323, 334, 389

성격 차이 82, 83, 217

성격이론 82, 84, 85

성교육 144

속마음 132, 211

송과체 394

수면습관 392

수면중추 391

수치심 277, 353, 381, 382

스캔들 294

스킨십 100, 103

스타일 16, 128-129, 131

스테파니 브라센 427

스트레스 62, 87, 107, 213, 217, 261, 318-320, 325, 385, 391

스포츠 심리학 54

습관 32, 72, 93-94, 108, 116, 164-167, 332-334, 363, 407

시댁 207-208

시민 초우 368

시부모 206

시빌 카레르 343

시험 불안 405, 407, 411

식이요법 360

신뢰 50, 139, 140, 210, 298, 307, 308, 309

신뢰감 190

신체접촉 68, 102

실험 참가자 102, 111, 148, 265, 364

심혈관계 87, 261

십대 임신 143-144

ㅇ

아내 105, 116, 205, 208-209, 296-297, 413

아이큐 340

악의적 239

앨더트 브리지 353

앨러미다 카운티 107

언어폭력 284

여자친구 176

역행간섭효과 187

오프라 윈프리 96

올림픽 금메달 53

완벽주의 380, 381, 416-417

왕따 61, 225

외로움 109, 223, 387-388, 389
용서 61, 63-65, 256, 257, 283
우울증 109, 390-391, 395, 420, 427-428
우유주사 383
워비곤 호수 78
워비곤 호수 효과 80
원시시대 236
원한 240
월요병 367-369
월트 디즈니 410
웬벤 추 157
위약 효과 419-421
월터 미셸 370
유산소 운동 338
유통기한 197
유화책 269-270
유효기간 198
육아 서적 96
의무감 114, 115, 199
의사소통 100
의사소통 전문가 356
의욕 저하 395
이메일 201, 294
이별 59, 91, 217, 219, 222-224, 255, 256
이혼 217, 218
익명성 237
인간관계 87, 190, 216
인과관계 191
인지기능 338
인지능력 191, 336
인지적 구두쇠 273
인지적 기억 375

인지편향 365, 366
인터넷 쇼핑몰 154, 397
임상연구 337
임신 143-145

ㅈ

자기보호 270
자기암시 407
자기조절능력 421
자기주장 207
자기충족예언 341
자기확신 26
자아실현 98-99, 122
자아탄력성 420
자원봉사 143-145
자존감 98, 109, 323
장인장모 206
적응장애 391
전기충격 239, 240
정신건강 326
제니퍼 라이트데일 236
제니퍼 러너 397
제비뽑기 340
조기치매 335
조울증 387
존 가트맨 217-218, 343
존 베리모어 426
좋은 습관 164, 167
죄수의 딜레마 100
주의력 135, 136
지능검사 340

지루함 114-115
지역감정 272-273
지택 교수 265
직장 57, 125, 128, 225, 227-228, 318, 341, 367
질투 172, 251-254, 295

ㅊ

착한아이콤플렉스 377
책임감 207
첼레스테 키드 370
추적조사 197, 198
충격편향 27
칭찬 5, 130, 167, 182-188, 244, 245, 251, 269, 323

ㅋ

캐롤 드웩 182
커트 그레이 239
크래머 교수 338
크리스토퍼 씨 148
크리스틴 미테 260
킬리만자로의 표범 40, 41
타냐 싱어 311
타이비 칼러 121
탤워 교수 352
테레사 시먼 108
테레사 애머빌 160, 161
톰 길로비치 80
트위터 293

ㅍ

판도라의 상자 202-204
페시냐 교수 420
편견 272-275, 302
편도체 177, 375-376
평균수명 261
평판 207
프라이버시 202
프란체스카 지노 152
프랜시스 플린 152
프렌티스 교수 191
프로포폴 383
플라시보 효과 419, 420
피해의식 266

ㅎ

학습능력 135
한명회 410
합병증 62
해마 137, 375
행복지수 198
헤라 122
헤라클레스 121-122, 124
헤밍웨이 40
혈압 261
혈액형 82-85
호르몬 394, 395
호흡 연습 231
화 67, 69, 90, 92, 104-106, 125-126, 133, 140, 168-169, 201, 202, 214, 229, 236,

238, 245, 256, 260-263, 266, 276-278, 280-283, 285, 301-303, 327, 346-347, 351, 421

화병 301

화해 256-258

효자 209

흡연량 158

힐링 132, 303

서천석의 마음 읽는 시간